# AS DIMENSÕES
# DO NÃO VER

FUNDAÇÃO EDITORA DA UNESP

*Presidente do Conselho Curador*
Herman Jacobus Cornelis Voorwald

*Diretor-Presidente*
José Castilho Marques Neto

*Editor-Executivo*
Jézio Hernani Bomfim Gutierre

*Conselho Editorial Acadêmico*
Alberto Tsuyoshi Ikeda
Célia Aparecida Ferreira Tolentino
Eda Maria Góes
Elisabeth Criscuolo Urbinati
Ildeberto Muniz de Almeida
Luiz Gonzaga Marchezan
Nilson Ghirardello
Paulo César Corrêa Borges
Sérgio Vicente Motta
Vicente Pleitez

*Editores-Assistentes*
Anderson Nobara
Henrique Zanardi
Jorge Pereira Filho

KLAUS SCHLÜNZEN JÚNIOR
RENATA BENISTERRO HERNANDES

# As dimensões do não ver

## Formação continuada de educadores e a profissionalização das pessoas com deficiência visual

© 2011 Editora UNESP

Direitos de publicação reservados à:
Fundação Editora da UNESP (FEU)
Praça da Sé, 108
01001-900 – São Paulo – SP
Tel.: (0xx11) 3242-7171
Fax: (0xx11) 3242-7172
www.editoraunesp.com.br
feu@editora.unesp.br

CIP – Brasil. Catalogação na fonte
Sindicato Nacional dos Editores de Livros, RJ

S371d

Schlünzen Júnior, Klaus

As dimensões do não ver: formação continuada de educadores e a profissionalização das pessoas com deficiência visual / Klaus Schlünzen Júnior, Renata Benisterro Hernandes. São Paulo: Editora Unesp, 2011.

Inclui bibliografia
ISBN 978-85-393-0119-5

1. Professores de educação especial - Formação. 2. Educação permanente. 3. Deficientes visuais - Educação. 4. Ensino profissional. 5. Deficientes visuais - Emprego. 6. Inclusão escolar. 7. Educação inclusiva. 8. Prática de ensino. I. Hernandes, Renata Benisterro. II. Título. III. Título: Formação continuada de educadores e a profissionalização das pessoas com deficiência visual.

11-2043         CDD: 371.911
                CDU: 376

Este livro é publicado pelo projeto *Edição de Textos de Docentes e Pós-Graduados da UNESP* – Pró-Reitoria de Pós-Graduação da UNESP (PROPG) / Fundação Editora da UNESP (FEU)

Editora afiliada:

# Sumário

Apresentação   7

1  O contexto   9
2  Os marcos históricos   17
3  A caminhada pelo mundo do não ver   95
4  Refletindo sobre as dimensões do não ver   131

Referências bibliográficas   135

# APRESENTAÇÃO

Este livro é o relato de uma caminhada que marcou nossa vida. Nasceu da satisfação de um desejo simples de compartilhar uma experiência: um desejo de abrir portas, de romper preconceitos e de somá-lo ao de todos os que procuram compreender as dimensões do ver e do não ver e ampliar as oportunidades de desenvolvimento profissional para as pessoas com deficiência visual (PDV).

Essa caminhada teve o propósito de identificar princípios que pudessem nortear a formação continuada de educadores, com ênfase naqueles que atuam em cursos de informática, buscando favorecer a inclusão das PDV nesses cursos. Para tanto, analisamos a problemática da inclusão das PDV por meio de uma pesquisa qualitativa (no contexto das ações de educação profissional em uma instituição de ensino profissionalizante), a partir da qual buscamos compreender quais as possibilidades reais que essa instituição oferece.

O livro parte de um resgate dos marcos teóricos que permeiam o tema da inclusão social e, em seguida, traça a história da educação profissional e seu paralelo com a educação profissional especificamente para as PDV. Explora ainda as principais dificuldades para a inclusão dessas pessoas na educação e no mundo do trabalho e defende a necessidade de educadores capacitados, aprofundando reflexões sobre a relevância do trabalho para o ser social.

Todas as descobertas desse percurso são apresentadas em três momentos distintos. No primeiro momento, os autores relatam a experiência como formadores de um grupo de onze jovens com deficiência visual em um curso de capacitação do uso das tecnologias de informação e comunicação. Eles conduziram situações de ensino e aprendizagem com PDV e viveram as dificuldades que um educador pode enfrentar ao desenvolver pela primeira vez aulas de informática para essas pessoas. Em um segundo momento, compartilham com o leitor os resultados de entrevistas que realizaram com pessoas que ministraram aulas de informática para PDV. Por fim, apresentam notas de observações das aulas ministradas por um docente que estava recebendo pela primeira vez, em uma de suas turmas, uma PDV como aluno. Esse percurso é polarizado na identificação de princípios norteadores para formação continuada de educadores.

Este livro passa pela vida de muitas pessoas e está comprometido com o desejo de colaborar para um mundo inclusivo.

# 1
# O CONTEXTO

Em um país como o nosso, que apresenta diversidades físicas, socioculturais e econômicas marcantes, é preciso que todos assumam a responsabilidade social para que seja possível conquistarmos uma sociedade inclusiva.[1] Contudo, a realidade brasileira mostra que "a cidadania usurpada das pessoas com deficiência (PD) está entre os nossos mais graves problemas sociais, mas não faz parte da consciência social brasileira" (*Sem limite*, 2002, p.12). Nesse sentido, a vida da grande maioria das PD é marcada pelo preconceito, pela carência de atendimento adequado na saúde e na educação e pela falta de acesso ao mundo do trabalho, ao lazer, ao esporte e à cultura.

Sobre a dimensão do problema em termos demográficos, a Organização das Nações Unidas afirma que "a po-

---
1 A sociedade inclusiva tem seus princípios voltados à igualdade, à equidade e à disponibilização de condições para essa igualdade. A inclusão considera a necessidade de mudanças na sociedade para que todos – sem distinção de grupo, raça, cor, credo, nacionalidade, condição social ou econômica – possam desfrutar de uma vida sem exclusões.

pulação com deficiência corresponde a dez (10%) da população global" (ONU, 1982, p.20). No Brasil, os resultados da Tabulação avançada do censo demográfico 2000[2] indicaram que aproximadamente 24,5 milhões de pessoas (o que corresponde a 14,5% da população brasileira) apresentam algum tipo de incapacidade ou deficiência. O censo do Instituto Brasileiro de Geografia e Estatística (IBGE) mostra ainda que nesse ano 16,6 milhões de pessoas foram classificadas como deficientes visuais.[3]

Muitas vezes, em uma perspectiva tradicional, a inclusão das PD já foi vista como um problema delas próprias e de suas famílias e, no limite, das entidades assistenciais especializadas. Ao mesmo tempo, as "deficiências" eram consideradas questão de saúde e tratadas como se fossem doenças. A passos lentos, a sociedade tomou consciência de que a inclusão dessas pessoas é uma questão de ética, cidadania e redução da desigualdade social.

No que concerne à inclusão no mundo do trabalho, é notável como o número de empregos formais alcançados pelas PD é reduzido. Dados do IBGE indicam que apenas 1% dos deficientes (ou seja, aproximadamente 245 mil) tem emprego e, nesse grupo, apenas 2,2% possuem registro em carteira.[4] Essas estatísticas indicam que a consciência de responsabilidade social no Brasil ainda é baixa.

Atualmente, a concorrência é acirrada e exigem-se cada vez mais competências para alcançar uma melhor colocação profissional. Assim, essa dificuldade – hoje en-

---

2 Fonte IBGE, Censo Demográfico 2000. Disponível em: www.ibge. gov.br. Em: população/censos/censo demográfico 2000/tabelas/ deficiência. Acesso em: 2 nov. 2004.
3 No Censo do IBGE, os deficientes visuais são classificados como incapazes, com alguma ou grande dificuldade permanente de enxergar.
4 Cf. o *Diário do Comércio*, só 1% dos deficientes consegue trabalho. Disponível em: http://agenda.saci.org.br. Acesso em: 4 nov. 2004.

frentada por uma parcela significativa de brasileiros – é agravada em relação às PD, dada à infundada crença da maioria dos empregadores que consideram que a deficiência afeta todas as funções desses indivíduos. Além disso, desconhecendo as diversas atividades que podem ser efetuadas pelas PD, os empregadores receiam que elas encontrem dificuldades de integração com o grupo de trabalho, temem a ocorrência de acidentes e preocupam-se com o custo com adaptações e aquisição de equipamentos especiais.

Com o intuito de garantir melhores condições de acesso ao trabalho, em dezembro de 1999, foi editada a Lei n. 3.298,[5] que regulamenta a questão da inserção profissional das PD por meio de cotas, além de manter outras determinações presentes em leis anteriores. Esse último decreto, vigente até hoje, definiu que caberia ao Ministério do Trabalho a responsabilidade sobre a questão dos deficientes no Brasil. Ele determina que empresas com mais de cem empregados devem contratar PD segundo as seguintes cotas: empresas com cem a duzentos empregados devem contar com 2% de funcionários com deficiência; de 201 a quinhentos empregados, 3%; de 501 a mil, 4%; e acima de mil funcionários, 5%. A inobservância pelas empresas dessa proporcionalidade de cargos resulta em multa. Entretanto, essa obrigação legal não tem sido cumprida dado o descaso do Estado para promover ações efetivas de fiscalização e de aplicação de sanções. Esse trabalho também é dificultado pela ausência de legislação específica em termos de garantias de caráter trabalhista e previdenciário.

Mesmo com a lei, a situação das PD não tem melhorado. É necessário que os empresários percebam que não se trata de assistencialismo e que as PD podem ser indepen-

---

5 Brasil, Lei n.3298, promulgada em 20 dez. 1999. Disponível em: http://www.cedipod.org.br/dec3298.htm. Acesso em: 5 abr. 2004.

dentes e capazes de lutar pelo crescimento profissional. Essa barreira de desinformação só poderá ser transposta quando se conhecerem as potencialidades, as capacidades e as limitações dessas pessoas.

Outro fator que colabora para que as PD tenham oportunidades diminuídas é o baixo nível de qualificação profissional dessas pessoas, gerado por dificuldades financeiras ou por suas necessidades educacionais especiais. Muitas instituições de ensino profissionalizante não estão preparadas para promover a inclusão dessas pessoas em seus cursos, pois não possuem uma equipe de educadores com formação adequada para qualificá-las. Segundo Terçariol et al. (2005, p.233), "a formação inadequada dos educadores é uma das causas para não haver inclusão social, digital e principalmente escolar, pelo menos não de maneira satisfatória".

Estudos realizados pelo Instituto Brasileiro de Defesa dos Direitos da Pessoa Portadora de Deficiência (IBDD) afirmam que:

> O País age como se as pessoas que necessitam de educação especializada não precisassem ser levadas em conta, não estivessem entre as obrigações do Estado com a educação, quando são exatamente elas as que mais precisam e mais têm a perder se não passam por um processo educacional. [...] Seu direito ao trabalho não é respeitado nem na formação profissional nem na hora da disputa por competência. A grande maioria das diferentes instituições responsáveis pela formação profissional no Brasil está de portas fechadas para elas. Os Sistemas Nacionais de Aprendizagem e as universidades ainda não estão abertos. O preconceito lhes nega o direito à eficiência e à competência, e a grande maioria não consegue nem se profissionalizar nem se empregar em igualdade de condições. (*Sem limite*, 2002, p.23)

No Brasil, no que diz respeito às PDV, podemos considerar que instituições assistenciais (como a associação

Laramara e a Fundação Dorina Nowill para Cegos em São Paulo e o Instituto Benjamin Constant no Rio de Janeiro, entre outras) podem ser tomadas como referências de trabalhos que colaboram para a inclusão. Essas instituições se voltam para a pesquisa, difusão do conhecimento, reabilitação, preparação e encaminhamento profissional, além de produção e distribuição de material especializado para professores e técnicos.

Em contrapartida, as universidades não vêm formando educadores para lidar com essa realidade: muitos cursos de graduação não contemplam em seus currículos conteúdos relacionados à inclusão social. Acredita-se que a formação continuada de educadores em exercício pode ser uma possibilidade de preencher as lacunas deixadas em sua formação inicial. Contudo, segundo Schlünzen et al. (2003, p.44), não bastaria "pensar em uma formação puramente tecnicista ou teórica. A formação do educador deve dar-lhes meios para auxiliá-lo a descobrir um outro modo de agir e de mudar para o benefício dos educandos", dentro de um contexto real de dificuldades.

Diante do contexto, é urgente trabalhar a favor de uma nova sociedade que integre as PD e resgate valores éticos e morais da humanidade. Ao atuar no mundo do trabalho, as PD deixam de ser tão dependentes de seus familiares e mudam a dinâmica da família. Além disso, um dos aspectos mais importantes da contratação das PD está na aquisição da cidadania, e o trabalho é uma das fontes mais ricas de inclusão social. Superar o desafio refletirá em qualidade de vida para as PD e lhes oferecerá novas perspectivas de vivência: elas poderão acreditar na possibilidade de terem uma profissão, serem produtivas e aceitas como qualquer outro sem as mesmas dificuldades.

Disso decorre a necessidade de novas pesquisas que contribuam para o avanço do processo de inclusão das PDV no mundo do trabalho. Espera-se um esforço maior dos órgãos governamentais na área da educação, no sentido de ampliar as oportunidades de aprendizagem para essas pessoas; das entidades assistenciais, no cumprimento de seu papel de mediadoras da profissionalização; e da sociedade empresarial, em abrir-se para essa realidade. Neste último caso, esse esforço precisa acontecer sem pleitear contrapartida por meio de concessão de benefícios, pois se trata, afinal, de responsabilidade social, uma das razões para justificar este trabalho investigativo.

Muitas escolas, inclusive aquelas voltadas ao ensino profissionalizante, ainda estão distantes de se tornarem instituições educacionais inclusivas. O número de instituições de ensino profissionalizante que se encontram preparadas para atender PDV em seus cursos é insuficiente.[6] Entre as causas que colaboram para esse cenário está a falta de educadores especializados ou capacitados para atender às necessidades educacionais especiais das PDV e qualificá-las profissionalmente. Assim é certa a necessidade de envolver os educadores atuantes no ensino profissionalizante em um processo de formação continuada para que possam contribuir para o ingresso, permanência e inserção das PDV no mundo do trabalho. Esse contexto evidencia a necessidade de incluir também os professores no processo de formação continuada.

Diante da complexidade do tema, este livro optou por um recorte: limita-se à análise da prática de educadores que desempenham docência em cursos de informática em instituições de ensino profissionalizante. Tal escolha deu-se por dois fatores: 1) atualmente, muitas vezes o mundo do trabalho exige como pré-requisito que o candidato ao em-

---

6 Cf. *Instituto Benjamin Constant*: uma história centenária. Apresenta o histórico do Instituto Benjamin Constant. Disponível em: http://www.ibc.gov.br/downloads/historia_ibc.doc. Acesso em: 10 jan. 2005.

prego possua conhecimentos sobre informática, mesmo básicos; 2) o computador oferece possibilidades no sentido de potencializar as oportunidades de acesso à informação para as PD, como afirma Valente (1991, p.63):

> O computador tem sido usado como recurso para administrar os diferentes objetivos e necessidades educacionais de alunos portadores de deficiência, como meio de avaliar a capacidade intelectual destes alunos, e como meio de comunicação, tornando possível indivíduos portadores de diferentes tipos de deficiência, como física, auditiva ou visual, usarem o computador para se comunicar com o mundo.

Ao tratar da tecnologia de acesso à informação voltada para as PDV, um destaque deve ser dado ao computador, que tem trazido grandes contribuições para que essas pessoas tenham acesso à informação. Isso pelo fato de o computador armazenar a informação em formato digital e torná-la disponível de modo flexível para ser acessada e modificada por outros sistemas (como, por exemplo, os sistemas amplificadores de telas, os sistemas de saída de voz e os sistemas de saída em Braille).

É importante considerar ainda o quanto as tecnologias da informação e comunicação (TIC) têm colaborado no sentido de romper o isolamento dessas pessoas que, devido às limitações impostas por sua deficiência, não têm acesso à informação de forma interativa. É válido salientar que a importância das tecnologias está na autonomia que elas proporcionam às PDV. No ciberespaço, por exemplo, é possível estruturar um ambiente de aprendizagem telemático, criando recursos e interfaces para a comunicação e desenvolvimento entre usuários de diferentes países e dentro do país por meio do intercâmbio de informações, diálogos, trocas, listas de discussões sobre temas de interesse e produção de materiais cooperativos, entre outros recursos, favorecendo o acesso e a apropriação dessas tecnologias e contemplando, na diversidade, o real sentido da expressão "educação para todos".

Entretanto, há que se considerar que é imprescindível o envolvimento do educador com o aluno deficiente visual na busca da melhor solução para seu problema de comunicação. Ao reforçar a necessidade de capacitação do professor para o uso de novas tecnologias, potencializam-se as oportunidades de aprendizagem para as PDV. Em sua ação pedagógica é importante que o professor contemple os pilares propostos por Delors (2000, p.99-100): aprender a aprender, aprender a fazer, aprender a viver junto e aprender a ser. Esses pilares sustentam a ideia de que uma educação de qualidade deve ter sua proposta educacional centrada no aluno, ou seja, nos seus interesses, nas suas possibilidades e necessidades básicas de aprendizagem e, sobretudo, na construção de sua autonomia. Para tanto, o professor precisa criar e favorecer oportunidades educacionais que levem as PDV à apropriação do conhecimento de forma crítica e reflexiva, possibilitando a construção e desenvolvimento de competências necessárias para sua autonomia e participação na sociedade a partir do estímulo e da valorização do trabalho em grupo.

# 2
# Os marcos históricos

Inicialmente aprofundaremos o conhecimento sobre as questões imprescindíveis para compreender o tema da inclusão. Ao resgatar o histórico da sociedade e a proposta de inclusão é possível conhecer as origens de tantos preconceitos e compreender os equívocos que trouxeram tantas consequências para a vida das pessoas com deficiência. Trata-se da história da educação profissional e de suas reformulações legais como importantes referências para entendermos os preconceitos atribuídos a essa modalidade de educação, que no passado foi considerada uma educação assistencialista. Buscaremos ainda apresentar as principais dificuldades para inclusão das PDV no mundo do trabalho, traçando um paralelo com a necessidade de educadores capacitados para desenvolver ações educacionais que colaborem para essa inclusão. Por fim, será abordada a formação continuada de educadores que atuam no ensino profissionalizante no enfoque adequado já discutido.

## Sociedade, educação e inclusão

Muitas vezes, as pessoas com deficiência física, sensorial ou mental eram mantidas presas em hospitais psiquiátricos, manicômios, instituições segregadoras ou escondidas pelos parentes dentro de suas próprias casas. Mesmo apresentando condições de viver em sociedade, não lhe eram dadas as devidas oportunidades. Ao longo dos séculos, as PD foram consideradas pessoas ou amaldiçoadas e impuras ou especiais, com capacidades mágicas, sábias, adivinhas, heróis ou vítimas – mas nunca normais.

As reflexões acerca das PD já acontecem há algum tempo e vêm crescendo constantemente a partir de manifestos vinculados aos movimentos de PD e seus familiares, reunidos em grupos organizados. A partir da década de 1950, a sociedade empenhou-se na prática não-discriminatória, dando início a um movimento de integração. Tal movimento mobilizou a sociedade a abrir-se à presença das minorias, especialmente das PD. Contudo, esses cidadãos "diferentes" deveriam esforçar-se para pertencer à sociedade. Assim, eram oferecidos acesso arquitetônico aos locais públicos, reabilitação em turmas especiais nas escolas e postos de trabalho diferenciados – porém sempre com a condição de que as pessoas com deficiência fossem capazes de aproveitá-los, ou seja, o esforço deveria partir exclusivamente delas.

Na década de 1960, dois acontecimentos possibilitaram um novo olhar da sociedade sobre as PD. Um deles foi a reintegração social de ex-combatentes que se tornaram deficientes após a Segunda Guerra Mundial; o outro refere-se à diferenciação feita por cientistas de diversas nações entre deficiência mental e doença mental, permitindo que muitas pessoas com deficiência intelectual fossem liberadas de hospícios e hospitais.

Em 1979, por solicitação da United Nations Educational Scientific and Cultural Organization (Unesco), um grupo de especialistas de quatro países (Suécia, a antiga União das Repúblicas Socialistas Soviéticas, os Estados Unidos da América e o Uruguai) que haviam desenvolvido um modelo avançado voltado à educação de PD redigiu o Projeto Principal de Educação direcionado às instituições de ensino latino-americanas. Seu principal objetivo era democratizar as escolas e torná-las mais acessíveis a todos, sem distinção.

Diante desse cenário, a ONU, após a publicação da Declaração de Princípios da organização não governamental Disabled Peoples' International (DPI), instituiu o ano de 1981 como o Ano Internacional das Pessoas Portadoras de Deficiência. Os anos seguintes, de 1982 a 1993, ficaram definidos como a Década das Nações Unidas para Pessoas Portadoras de Deficiência. Por toda essa década foram (e ainda atualmente são) discutidos, aprovados e publicados documentos e declarações mundiais em torno da legitimação dos direitos das pessoas com deficiência.

A Organização Internacional do Trabalho (OIT) divulgou, em 20 de junho de 1983, dois documentos: a Convenção n.159 e a Recomendação n.168[1] (sobre reabilitação profissional e emprego de pessoas com deficiência), que demarcaram princípios e ações para políticas sobre o tema nos países. A OIT preconiza que a inclusão de pessoas com deficiência no mundo do trabalho é assunto de empregadores, organizações de trabalhadores, entidades de pessoas com deficiência e órgãos comunitários – enfim, uma questão da sociedade.

---

1 Cf. Convenção n.159 e Recomendação n.168. Disponível em: http://www.pgt.mpt.gov.br/deficiente/legislacao/conv159.htm. Acesso em: 4 abr. 2005.

Nesse período, o Brasil apresentou a Constituição Federal de 1988, documento de crucial importância e que garantiu a todos os cidadãos, sem exceção, todos os direitos sociais. No ano seguinte, foi criada a Lei n.7.853, de outubro de 1989, que criminaliza o preconceito e, em seu artigo 8º, define como crime "recusar ou fazer cessar a matrícula da pessoa com deficiência". A negação do direito a atendimento médico ou a empregos públicos ou privados também é considerada criminosa e impõe penas de um a quatro anos de prisão e multa. Essa mesma Lei também criou a Coordenadoria Nacional para a Integração da Pessoa Portadora de Deficiência (Corde), responsável pela política nacional para a integração dessas pessoas. A Lei n.7.853 ainda elegeu o Ministério Público como o órgão responsável por atuar em casos discriminatórios em todo o território nacional.

Em 1990, a Unesco voltou a se manifestar em apoio à inclusão na área da educação, realizando a Conferência Mundial sobre Educação para Todos em Jomtien, na Tailândia, na qual foi aprovada a Declaração Mundial sobre Educação para Todos. Esse documento retomou algumas das considerações feitas pelo Projeto Principal de Educação (Unesco, 1968) e apresentou como objetivo satisfazer as necessidades básicas de aprendizagem e apresentar uma nova e adequada proposta educacional mundial.

A sociedade inclusiva tem seus princípios voltados à equidade, à igualdade e à disponibilização de condições para essa igualdade; a inclusão considera a necessidade de mudanças na sociedade para que todos, sem distinção de grupo, raça, cor, credo, nacionalidade, condição social ou econômica, possam desfrutar de uma vida sem exclusões.

No Brasil, o conceito de sociedade inclusiva começou a fazer parte do debate público em meados da década de 1990, a partir de discussões nos meios acadêmicos que despertaram o reconhecimento de que todos os cidadãos têm direito a uma vida digna, sem exceção. Diante do crescimento dessas discussões foi criada no Brasil a Lei n.8.112, de 11 de dezembro de 1990, para tratar da reserva de vagas para pessoas com deficiência nos concursos públicos.

No ano seguinte, o Brasil deu um novo passo rumo à inclusão: a partir da Lei n.8.213, de 25 de julho 1991, todas as empresas com cem ou mais empregados deveriam reservar de 2% a 5% de suas vagas para beneficiários reabilitados ou pessoas com deficiência habilitadas. Os planos de benefícios da previdência social também foram contemplados pela Lei.

Ainda em 1991, foi publicada a Resolução 45/91 da ONU, a partir da qual a sociedade pôde ver nascer o conceito da sociedade inclusiva ou sociedade para todos regido pela inclusão e contrapondo-se aos princípios do movimento de integração da década de 1950, "que sempre estavam voltados a ideia de que as pessoas com deficiência é que deveriam preparar-se para serem merecedoras dos direitos sociais" (Carneiro, 2003, p.152).

"A assembleia-geral solicita ao secretário-geral uma mudança no foco do programa das Nações Unidas sobre deficiência, passando da conscientização para a ação, com o propósito de se concluir com êxito uma sociedade para todos por volta do ano 2010." Assim começa a citada resolução,[2] assinada pelos 189 países-membros. Ela acelerou as mudanças que já aconteciam na maioria das nações e a partir dela encontros mundiais e seus respectivos documentos e convenções reafirmaram o processo de abertura da sociedade para as mudanças propostas.

---

2 Cf. Resolução n.45/91, de 14 dez. 1990. Disponível em: http://agenda.saci.org.br/index2.php?modulo=akemi&parametro=11601&s=documentos. Acesso em: 10 abr. 2005.

Avançando em direção à consolidação do novo conceito, em 1993, a ONU publicou a Resolução 48/96, normas sobre equiparação de oportunidades para pessoas com deficiência. Com 22 normas apresentando requisitos e medidas de implementação para a participação de todas as pessoas na sociedade, essa resolução concretizava o Programa Mundial Relativo às Pessoas com Deficiência, criado em 1982 pela própria ONU. Nele havia sido oficializado o conceito de equiparação de oportunidades: atividades, serviços, documentação e informação deveriam estar disponíveis para todos, sem exceção. O documento pedia atenção especial a pobres, mulheres, idosos, crianças, trabalhadores migrantes, pessoas com deficiência dupla ou múltipla, minorias étnicas e refugiados políticos com necessidades especiais.

Em junho de 1994, a Unesco realizou o Encontro de Salamanca, na Espanha, reunindo representantes de mais de noventa países para discutir a educação inclusiva, momento em que a expressão foi utilizada pela primeira vez.[3] A Declaração de Salamanca, resultado do encontro, foi considerada internacionalmente como um dos mais importantes textos referentes à inclusão, contendo princípios para sua concretização. Segundo o documento, as escolas devem adaptar-se às necessidades de todos os alunos, incluindo aqueles que se encontram à margem da sociedade por preconceitos raciais, econômicos, linguísticos, étnicos ou sociais.

Surgiu então no Brasil a Portaria n.4.677, de 29 de julho de 1998, do Ministério da Previdência e Assistência Social, para estabelecer que empresas com cem ou mais empregados ficariam obrigadas a partir de então a destinar entre 2% a 5% das vagas para os beneficiários reabilitados ou pessoas com deficiência.

---

3 Cf. Unesco, 1994a.

Cabe salientar que, mesmo diante de tantos movimentos em prol da inclusão no Brasil, duas legislações são consideradas mais relevantes quando se trata da defesa dos interesses das pessoas com deficiência: a Constituição Federal e o Decreto n.3.956, que promulga a Convenção da Guatemala, como é chamada a Convenção Interamericana para Eliminação de Todas as Formas de Discriminação de Pessoas Portadoras de Deficiência. Assinada pela Argentina, Bolívia, Brasil, Chile, Colômbia, Costa Rica, Dominica, El Salvador, Equador, Guatemala, Haiti, Jamaica, México, Nicarágua, Panamá, Paraguai, Peru, República Dominicana, Uruguai e Venezuela, essa convenção foi criada durante a Assembleia Geral da Organização dos Estados Americanos (OEA). Os países participantes comprometeram-se a propagar medidas legais para a inclusão educacional e social das pessoas com deficiência.

Segundo a Convenção da Guatemala (28 de maio de 1999), nenhuma diferenciação entre pessoas pode ser baseada na deficiência. Um detalhe importante é a participação dos cidadãos com deficiência nas avaliações e no desenvolvimento das estratégias públicas para a inclusão.

Ainda em 1999, no dia 9 de setembro, a Carta para o Terceiro Milênio foi aprovada em Londres pela Assembleia Governativa da Rehabilitation International, que definiu a situação das pessoas com deficiência, propôs medidas de proteção a seus direitos, e seus princípios defendem a capacitação e a inclusão permanente.

> No Terceiro Milênio, a meta de todas as nações precisa ser a de evoluírem para sociedades que protejam os direitos das pessoas com deficiência mediante o apoio ao pleno empoderamento e inclusão delas em todos os aspectos da vida. Por estas razões, a Carta para o Terceiro Milênio é proclamada para que toda a humanidade entre em ação, na convicção de que a implementação destes objetivos constitui uma respon-

sabilidade primordial de cada governo e de todas as organizações não-governamentais e internacionais relevantes.[4]

Em dezembro de 1999, entrou em vigor no Brasil o Decreto n.3.298, que trata da Política Nacional para a Integração da Pessoa Portadora de Deficiência, estabelecendo mais diretrizes em educação, saúde, desporto, trabalho, cultura, lazer, turismo, acessibilidade, habilitação e reabilitação profissional e capacitação de profissionais especializados. Também obriga as empresas com cem ou mais empregados a destinar 2% a 5% de suas vagas a reabilitados ou pessoas com deficiência habilitadas.

Igualmente no sentido de favorecer a inclusão, duas novas leis e um decreto foram instituídos em 2000 no Brasil: a Lei n.10.048 garante às PD atendimento prioritário, juntamente com as gestantes, lactantes, indivíduos com mais de 65 anos e pessoas com criança de colo. A Lei n.10.098 estabelece normas e critérios para a promoção da acessibilidade para os setores de transportes, comunicação e sinalização e garante a eliminação das barreiras de comunicação. O Decreto nº 3.691 delibera sobre o transporte de pessoas carentes com deficiência, assegurando seu passe livre, regulamentando a Lei n.8.899 de junho de 1994, e dispondo sobre os direitos dos cidadãos com deficiência em relação ao transporte coletivo interestadual.

Em 5 de junho de 2001, a Declaração Internacional de Montreal definiu que o desenho inclusivo deve ser adotado pelos governos, empregadores, trabalhadores e comunidade.

Nesse mesmo ano, as Diretrizes Básicas para a Educação Especial na Educação Básica foi criada no Brasil, em

---
4 Cf. Carta para o Terceiro Milênio. Disponível em: http://agenda.saci.org.br/index2.php?modulo=akemi&parametro=8973&s=documentos. Acesso em: 20 fev. 2004.

setembro de 2001, por meio da Resolução n.2 do Conselho Nacional de Educação. No mês seguinte, a Convenção da Guatemala foi promulgada pelo Decreto n.3.956, acontecimento considerado de grande importância para os especialistas, uma vez que, até então, variadas leis dispunham sobre aspectos da inclusão das pessoas com deficiência, sendo a mais importante a Constituição Federal de 1988. A Carta Magna brasileira já assegurava a todos os cidadãos os direitos sociais, inclusive àqueles com deficiência, tratando até mesmo do mundo do trabalho e da acessibilidade arquitetônica.

Já a Declaração de Madri[5] foi aprovada em 23 de março de 2002, durante o Congresso Europeu de Pessoas com Deficiência, comemorando a proclamação de 2003 como o Ano Europeu das Pessoas com Deficiência. A declaração estabeleceu parâmetros para a implementação da sociedade inclusiva.

Outro documento voltado à inclusão é a Declaração de Sapporo,[6] aprovada em 18 de outubro de 2002 por três mil pessoas, em sua maioria com deficiências, representando 109 países por ocasião da 6ª Assembleia Mundial da Disabled Peoples' International (DPI), realizada em Sapporo (Japão).

E a Declaração de Caracas,[7] entre outros tópicos, elegeu 2004 como o Ano das Pessoas com Deficiência e suas Famílias, almejando a vigência efetiva das normas sobre a equiparação de oportunidades para PD e o cumprimento

---

5 Cf. Declaração de Madri. Disponível em: http://www.pgt.mpt. gov.br/deficiente/madri.pdf. Acesso em: 21 fev. 2005.
6 Cf. Declaração de Sapporo. Disponível em: http://www.inclusao. com.br/projeto_textos_73.htm. Acesso em: 21 fev. 2005.
7 Cf. Rede Ibero-Americana de Organizações não governamentais. Declaração de Caracas. Disponível em: http:/www.educacaoonline. pro.br/doc_declaracao_de_caracas.asp. Acesso em: 21 fev. 2005.

dos acordos estabelecidos na Convenção Interamericana para a Eliminação de Todas as Formas de Discriminação contra as Pessoas com Deficiência. Foram convidados os governos e parlamentos dos países latino-americanos para fazerem a mesma declaração em seus respectivos territórios e regiões, por meio dos respectivos organismos.

Mesmo diante de tantas ações destinadas a mudar a mentalidade social em relação às pessoas com deficiência e disseminar a proposta de inclusão, após um longo período de exclusão social, as práticas da integração concebidas na década de 1950 ainda estão muito presentes no cotidiano. Segundo Sassaki (1997, p.43),

> Podemos considerar que estamos vivendo a fase de transição entre o movimento *integracionista* para o *inclusivista*. Portanto é compreensível que, na prática, os dois processos sociais coexistam por mais algum tempo até que, gradativamente, a integração esmaeça e a inclusão prepondere.

Essa mudança, lenta e gradual, é permeada por conflitos que continuam fazendo as PD viverem as injustiças de uma sociedade que necessita quebrar paradigmas e preconceitos e caminhar para uma sociedade inclusiva.

## Sociedade inclusiva: novos paradigmas

A semente do conceito de sociedade inclusiva foi lançada em 1981 pela ONU ao instituir o Ano Internacional das Pessoas Deficientes (AIPD). Essa semente cresceu durante a Década das Nações Unidas para Pessoas Portadoras de Deficiência, no período de 1983 a 1992. O crédito desse crescimento deve ser dado à implementação do Programa Mundial de Ação Relativo às Pessoas com Deficiência. Por quase duas décadas, a sociedade foi convidada a criar oportunidades iguais para as pessoas com deficiência, o que significava mudar a própria sociedade para que elas pudessem apropriar-se de seus direitos.

Em março de 1995, a ONU mencionou o conceito de sociedade inclusiva no relatório sobre a Cúpula Mundial sobre o Desenvolvimento Social, que contém dois documentos: a Declaração de Copenhague sobre Desenvolvimento Social e o Programa de Ação da Cúpula Mundial para o Desenvolvimento Social. Em um trecho do Relatório (1995, p.9), a ONU afirma que:

[...] a sociedade inclusiva precisa ser baseada no respeito de todos os direitos humanos e liberdades fundamentais, diversidade cultural e religiosa, justiça social e as necessidades especiais de grupos vulneráveis e marginalizados, participação democrática e a vigência do direito.

No Brasil, desde 1995, o conceito de sociedade inclusiva vem sendo crescentemente mencionado em traduções e textos originais em português, assim como em palestras e eventos que buscam caminhos para a implementação das 22 normas de equiparação de oportunidades para pessoas com deficiência. Tal conceito é mais recente do que os conceitos de educação inclusiva, lazer inclusivo e empresa inclusiva, que já eram aplicados na década de 1980 nos Estados Unidos, na Europa e em alguns outros países.

Diante do exposto, fica confirmado que esse conceito vem sendo gradativamente implementado em várias partes do mundo como decorrência natural da implementação dos princípios de inclusão na educação, no mundo do trabalho, no lazer, na recreação, no esporte, na religião, nas artes e na família. Entretanto, ainda há muito que se esclarecer sobre a sociedade inclusiva. Sassaki (1997, p.27) afirma que:

Os conceitos são fundamentais para o entendimento das práticas sociais. Eles moldam nossas ações. E nos permitem analisar nossos programas, serviços e políticas sociais, pois os conceitos acompanham a evolução de certos valores éticos, como aqueles em torno das pessoas portadoras de deficiência.

É importante entender alguns conceitos, preconceitos e consequentes estereótipos e estigmas que permeiam esse tema. Inicialmente, vamos considerar os conceitos pré-inclusivistas, nos quais a expressão "modelo médico da deficiência" influenciou fortemente a sociedade a acreditar que a PD tem necessidade de ser curada para então ter o direito de participar, aumentando assim a resistência da própria sociedade em aceitar a necessidade de mudar suas atitudes em relação às PD.

Sassaki (1997), ao referenciar a dissertação de mestrado da psicóloga Araci Nallin, considera que há muitas décadas os centros de reabilitação vêm colaborando na disseminação do modelo médico da deficiência por enfatizarem, em sua prática institucional, o distúrbio, a doença e a deficiência, quando deveriam enfocar as necessidades de incrementar as capacidades da PD.

Outra expressão incorporada aos conceitos pré-inclusivistas foi a integração social, que surgiu para derrubar a prática de exclusão social de vários séculos. No fim da década de 1960, o movimento pela integração social começou a inserir as PD nos sistemas gerais, como a educação, o trabalho, a família e o lazer. Essa nova abordagem fez nascer o princípio de normalização e seu respectivo processo: o *mainstreaming*.

Segundo Mantoan (1997b, p.120), "a normalização visa tornar acessíveis às pessoas socialmente desvalorizadas condições e modelos de vida análogos aos que são disponíveis de um modo geral ao conjunto de pessoas de um dado meio ou sociedade". Assim, as PD eram encaixadas em um mundo semelhante àquele no qual as pessoas ditas normais vivem, ainda que separadas.

Os avanços na tentativa de integração levaram ao desenvolvimento do princípio de *mainstreaming*, termo empregado para ações que conduzam os alunos ao mais próximo possível dos serviços educacionais disponíveis na comunidade. "A prática do *mainstreaming* correspondia ao que hoje consideramos integração de crianças e jovens que conseguem acompanhar aulas comuns sem que a escola tenha uma atitude inclusiva" (Sassaki, 1997, p.33).

Por conseguinte, tanto o princípio da *normalização* como o processo de *mainstreaming* colaboraram substancialmente para que a comunidade acadêmica, as instituições sociais e as organizações voltadas a atender as pessoas com deficiência desenvolvessem conhecimentos e experiências de integração. Assim, por volta da década de 1990 percebeu-se que a tradicional prática da integração social não era suficiente para acabar com a discriminação e nem poderia propiciar igualdade de oportunidades. A integração social não requer mudança de atitudes da sociedade, pois ela, praticamente de braços cruzados, apenas aceita receber pessoas com deficiências desde que elas sejam capazes de adaptar-se.

Posteriormente ao movimento de integração, surgiram os conceitos *inclusivistas*, que valorizam e visam à inclusão, levando em consideração a autonomia (domínio do ambiente físico e social), a independência (capacidade de decidir sem depender de outras pessoas) e o *empowerment* (processo pelo qual uma pessoa usa seu poder pessoal para fazer escolhas e tomar decisões).

Cabe enfatizar que, no contexto das PD, a autonomia e a independência são conceitos distintos. Uma pessoa maior de 18 anos pode ter autonomia para ir a uma boate, mas ser totalmente dependente de uma companhia para ir. Ou ainda: um cego pode ter independência para ir a um restaurante sozinho, entretanto não terá autonomia para ler o cardápio, se este não estiver em braille. Diante dessa situação, o *empowerment* poderia levar a PD a reivindicar seus direitos e instigá-la até mesmo a se reunir com outros cegos e propor uma ação judicial para que todos os restaurantes da cidade adotem um cardápio em braille.

Os três conceitos devem ser entendidos como um apelo à sociedade para que reconheça a existência do poder pessoal na PD e que seja respeitado o seu direito de usá-lo como e quando lhe for conveniente.

Ainda no sentido de compreender o conceito inclusivista, é valido ressaltar a expressão *equiparação de oportunidades*. Sassaki (1997, p.40) cita um trecho do documento *Normas sobre a equiparação de oportunidades para pessoas com deficiência*, que traz a seguinte definição:

> O termo equiparação de oportunidades significa o processo através do qual os diversos sistemas da sociedade e do ambiente, tais como serviços, atividades, informações e documentação, são tornados disponíveis para todos, particularmente para pessoas com deficiência.

É essencial equiparar oportunidades para que todas as pessoas, inclusive as com deficiência, possam ter acesso a estruturas comuns de educação, saúde, emprego e serviços sociais, e alcançar seus desejos e objetivos.

Consciente dos conceitos inclusivistas, a sociedade poderá participar ativamente em reformular-se de modo adequado. Para incluir todas as pessoas, a sociedade deve mudar suas atitudes, aceitando que ela deve ser capaz de atender às necessidades das PD. Desta forma, Sassaki (ibidem, p.42) diz: "A prática da inclusão social repousa em princípios até então considerados incomuns, tais como: a aceitação das diferenças individuais, a valorização de cada pessoa, a convivência dentro da diversidade humana, a aprendizagem através da cooperação".

Atualmente, o conceito de inclusão social encontra-se baseado no modelo social da deficiência, que pode ser entendido como o conjunto dos problemas que a sociedade impõe às PD, causando-lhes incapacidade ou desvantagem no desempenho de papéis sociais devido aos ambientes restritivos, às políticas discriminatórias, ao preconceito, aos padrões de normalidade e à desinformação.

Assim, assistimos à passagem da exclusão social total para o atendimento especializado segregado e deste para a integração social. Atualmente, as PD lutam por sua inclusão, entendida como um processo em que todos procuram adaptar-se, visando à equiparação de oportunidades na escola, no lazer, nos serviços de saúde e em todos os demais aspectos da vida, o que possibilita o desenvolvimento de todos e, principalmente, a participação da PD no mundo do trabalho. Esse aspecto remete-nos ao tema da educação profissional, seus modelos e cenários.

## Educação profissional e inclusão

No Brasil, a educação profissional foi concebida tomando como modelo a sociedade capitalista, separada em classes sociais, cuja divisão do trabalho era baseada entre os que pensam e os que fazem. Ao trabalho que envolvia esforço físico e braçal foi associada a ideia de sofrimento e dificuldade. Ao trabalho que exigia pensar foi agregado *status*.

Assim, em um país de economia baseada na monocultura, mantida pela exportação de produtos agrícolas para países ricos, independentemente da boa qualidade do produto e de sua importância na cadeia produtiva, os trabalhadores manuais sempre foram relegados a uma condição social inferior, pois essa mão de obra não requeria estudo, conhecimentos e nem ao menos qualificação profissional.

A herança colonial escravista influenciou as relações sociais e a visão da sociedade sobre a educação e formação profissional. Essa visão – que desconsiderava a formação intelectual e acadêmica para a maioria da população – "começou a ser reconsiderada quando o exercício profissional se tornou efetivo e o ensino profissional passou a ser uma atribuição do Ministério da Indústria e Comércio, por volta de 1910" (Senac, 2001, p.12).

O cenário que se apresenta hoje para a educação profissional contrapõe-se à sua concepção, a partir das mudanças ocorridas no mundo do trabalho. A educação profissional volta-se para uma nova forma de relação entre ciência e trabalho, em que o fazer é substituído por ações que articulam os pilares propostos por Delors (2000): o aprender a conhecer, aprender a fazer, aprender a viver juntos e aprender a ser indicam novos rumos para esse nível de ensino. Citando-as, temos as considerações de Mazzotta (2001, p.19):

> [...] realizando um resgate do relatório Jacques Delors, elaborado sob os auspícios da Unesco pela Comissão Internacional sobre Educação para o século XXI, que as aprendizagens necessárias a todo ser humano se estendem por toda a vida, devendo, por isso, a educação basear-se em quatro pilares: "aprender a conhecer, aprender a fazer, aprender a viver juntos e aprender a ser". Em face disso, embora os sistemas escolares tendam a privilegiar o acesso ao conhecimento, é fundamental que a educação seja concebida como um todo e que nenhuma das potencialidades de cada indivíduo seja negligenciada.

Para que se possam entender as dificuldades encontradas pelas PD, faz-se necessário contextualizar o cenário histórico da educação profissional no Brasil.

## Contextualização histórica e legal da educação profissional no Brasil

Na época da chegada da família real ao Brasil, a educação praticamente concentrava-se nas mãos dos jesuítas, que organizaram um sistema de ensino para um grupo limitado de pessoas pertencentes à classe dominante e mantiveram o povo excluído. Para mudar esse cenário, além da imediata reorganização administrativa, uma série de medidas foi necessária.

As principais mudanças ocorreram no quadro das instituições educacionais, quando da chegada do príncipe regente D. João. Entre elas, a mais importante foi a criação dos primeiros cursos superiores (não-teológicos) na colônia. Nesse mesmo período, o príncipe regente criou os colégios das fábricas, considerados marcos iniciais da instalação de um sistema de educação para o trabalho.

No período monárquico, havia poucas escolas primárias que iam dos liceus provinciais em cada capital de província e dos colégios particulares em algumas cidades importantes a alguns cursos normais (como o Liceu de Artes e Ofícios, criado em 1856) e alguns cursos superiores com predominância do ensino jurídico.

Nas últimas décadas do período imperial houve um crescimento substancial da classe média, formada por funcionários públicos, profissionais liberais, comerciantes, militares, religiosos, intelectuais e pequenos proprietários agrícolas. Essa classe passou a pressionar o governo para a abertura de novas escolas, pois acreditavam que a educação traria oportunidade de ascensão social. Essa velha mentalidade escravocrata não era apenas da classe dirigente, mas marcava também as massas, que se acostumaram a relacionar trabalho manual à escravidão.

Com a Constituição da República de 1891, formalizava-se oficialmente a distância entre a educação da classe dominante (escolas secundárias acadêmicas e escolas superiores) e a educação do povo (escola primária e escola profissional).

O crescimento acelerado da classe média brasileira exigiu reformulações urgentes no sistema educacional e na formação profissional. A elite intelectual, influenciada pelas ideias liberais e pelo pensamento científico-positivista, defendia mudanças como a abolição dos privilégios aristocráticos, a separação entre Igreja e Estado, instituição do casamento e do registro civil e oportunidade de educação – reivindicações entendidas como solução para os problemas fundamentais do país na época (ideias que se perpetuam até os dias atuais, sendo inclusive chavão nos discursos políticos).

No final do século XIX, o quadro educacional não apresentava muitas mudanças: o ensino primário permanecia abandonado e era considerado desnecessário para a população pobre, e o ensino secundário voltava-se à preparação para o curso superior, moldado com bases na educação estrangeira e destinado exclusivamente às classes dominantes e classe média. Por sua vez, a educação profissional estava limitada às escolas de artes e ofícios, o que reforçava seu caráter assistencialista.

Em 1906, a educação profissional passou ser responsabilidade do Ministério da Agricultura, Indústria e Comércio, consolidando uma política de incentivo ao desenvolvimento dos ensinos industrial, comercial e agrícola, voltados à preparação de operários para o exercício profissional.

Nessa época, ocorreu a instalação de 19 escolas de aprendizes artífices, financiadas pelo próprio Estado. Essas escolas ofereciam ensino profissional aos mais desfavorecidos e foram as primeiras ações concretas para a organização da educação profissional para a sociedade brasileira.

Nos anos 1920, intelectuais inspirados pela pedagogia americana fundamentaram um movimento renovador da educação brasileira e criaram a Escola Nova, que prometia uma escola pública e gratuita, conduzida pelo Estado. Essas ações sustentavam a crença de que, pela ciência, seria possível construir um sistema educacional de qualidade. O movimento Escola Nova não alcançou resultados relevantes e suas realizações ficaram restritas ao ensino primário. Ao final dos anos 1920, nada havia mudado no que se refere à educação em geral, tampouco em relação à formação profissional.

Foi apenas na década de 1930, momento em que se iniciava o processo de industrialização no país, que se estabeleceu um marco histórico na educação nacional. Segundo Romanelli (1997), nessa década o país acabava de enfrentar uma de suas grandes crises econômicas e passava para um modelo de substituição de importações (devido à economia de guerra no início da década de 1940, que impunha restrições às importações), abandonando a forma tradicional de industrialização. A preocupação com a formação de mão-de-obra, no período entre as duas Grandes Guerras (mais especificamente durante o Estado Novo), deve-se à necessidade de criação da indústria de base. A conjuntura internacional possibilitou o aparecimento de nosso parque industrial então incipiente, paralelamente ao enfraquecimento de grupos ligados à agricultura, à pecuária e à mineração, devido à crise de 1929-30. A indústria exigia a formação mínima do operariado, mas a classe média não estava interessada no ensino profissional de grau médio e o sistema educacional não tinha infraestrutura para implantação do ensino profissional em larga escala.

Segundo Romanelli (idem, p.168),

> Recorreu, pois, o governo à criação de um sistema de ensino paralelo ao sistema oficial, que foi organizado em convênio com as indústrias e através de seu órgão máximo de representação – A Confederação Nacional das Indústrias.

Criava-se então o Serviço Nacional de Aprendizagem dos Industriários, mais tarde Serviço Nacional de Aprendizagem Industrial. Quatro anos depois era criado o Senac, que tinha a mesma estrutura do Senai.

Nesse período, a Câmara dos Deputados discutia intensamente sobre a expansão do ensino profissional, sugerindo sua extensão a todos, pobres e ricos, e não apenas aos "desafortunados". Assim, foi implantado o Serviço de Remodelagem do Ensino Profissional Técnico, que completou seu trabalho na década de 1930 com a criação do Ministério da Educação e Saúde Pública e do Ministério do Trabalho, Indústria e Comércio.

A primeira tentativa de concepção de um sistema de educação nacional que estabelecia normas e diretrizes aconteceu em 1931, no governo Getúlio Vargas, quando o ministro Francisco Campos empreendeu uma reforma educacional que tinha como objetivos a regulamentação e a organização do ensino secundário. O Decreto Federal n.20.158/31 organizou o ensino profissional comercial e regulamentou a profissão de contador. Sua importância estava no fato de ser o primeiro instrumento legal para estruturar cursos profissionalizantes.

Os educadores que debatiam suas ideias desde 1920 publicaram, em 1932, o Manifesto dos Pioneiros da Educação Nova, redigido por Fernando Azevedo e assinado por 26 educadores brasileiros integrantes do movimento denominado Renovação Educacional. Eram defensores de uma escola pública, gratuita e leiga e foram rotulados pelos educadores católicos de comunistas.

Foi somente na Constituição de 1937, entretanto, que a educação profissional se viu pela primeira vez contemplada, quando o trabalho manual foi reconhecido em um documento oficial como parte da educação. Assim, essa última Constituição, em seu artigo 128, declarava serem a arte, a ciência e o ensino livres à iniciativa individual e à associação ou a pessoas coletivas públicas e particulares – contrapondo-se à Constituição de 1934, que determinava como dever do Estado, União e Município, o direito às artes, às ciências e à educação.

Ainda em seu artigo 129 considera que é dever da Nação, dos estados e dos municípios assegurar a gratuidade e a obrigatoriedade do ensino em todas as escolas primárias, normais e secundárias. Ela recomenda também ao programa de política escolar providências quanto ao ensino pré-vocacional e profissional para as camadas menos favorecidas e, além disso, determina o regime de cooperação entre a indústria e o Estado.

Mudanças foram processadas na relação entre educação e desenvolvimento, consequências da necessidade de modernização e de mão-de-obra especializada para atuar nas indústrias. Na educação, o crescimento da demanda pressionou a expansão do sistema educacional – uma expansão jamais vista antes, segundo Romanelli (ibidem). Tal expansão teve caráter apenas quantitativo, pois acabou sendo reprimida pela falta de equalização na oferta, pelo baixo rendimento do sistema escolar e pelo marcante aspecto de discriminação social.

Frente a esse cenário, a política educacional voltou-se para a formação profissional, mas sem conseguir superar seu caráter dicotômico e dualista que separava o trabalho intelectual do manual e acabava determinando na sociedade um tipo de divisão de acordo com a classe da qual o indivíduo se originava. Esse panorama teve seus efeitos no processo educacional profissional cujo público são as PD.

## Educação profissional da pessoa com deficiência

Para compreender o problema abordado neste livro, torna-se necessário estabelecer um quadro teórico com amplitude suficiente para tratar a história específica da educação profissional das pessoas com deficiência.

A Constituição Federal do Brasil, no artigo 227, responsabiliza todos quanto à assistência integral às pessoas com deficiência: família, sociedade e Estado. Na alínea II do §1º do mesmo artigo, o texto constitucional coloca como dever do Estado

[...] a criação de programas de prevenção e atendimento especializado para os portadores de deficiência física, sensorial e mental, bem como de integração social do adolescente portador de deficiência, mediante o treinamento para o trabalho e a convivência, e a facilitação do acesso aos bens e serviços coletivos, com a eliminação de preconceitos e obstáculos arquitetônicos. (Brasil, 2000)

Às pessoas portadoras de deficiência assiste o direito inerente a todo e qualquer ser humano de ser respeitado, sejam quais forem seus antecedentes, natureza e severidade de sua deficiência. Elas têm os mesmos direitos que os outros indivíduos da mesma idade, fato que implica desfrutar de vida decente, tão normal quanto possível. (artigo 3º da Declaração dos Direitos das Pessoas Portadoras de Deficiência)

Acrescentamos como parâmetro para reflexão o texto dos *Referenciais para a educação profissional Senac*, sobre o sistema modular, particularmente quanto à flexibilidade: "A flexibilidade curricular permite que os alunos construam itinerários diversificados, segundo seus interesses e possibilidades" (Senac, 2001). É evidente que as possibilidades das PD devem ser consideradas, além de merecer um tratamento apropriado por ocasião do estabelecimento de métodos e prazos, garantindo o respeito ao tempo do aluno e a qualidade da capacitação oferecida.

Ao resgatar a resolução n.2 do CNE/CEB, no seu artigo 17 podemos identificar essa reflexão, no sentido de não permitir um trabalho que exclua a pessoa na sua relação com o mundo social e do trabalho:

> Em consonância com os princípios da educação inclusiva, as escolas das redes regulares de educação profissional, públicas e privadas, devem atender alunos que apresentem necessidades educacionais especiais, mediante a promoção das condições de acessibilidade, a capacitação de recursos humanos, a flexibilização e adaptação do currículo e o encaminhamento para o trabalho, contando, para tal, com a colaboração do setor responsável pela educação especial do respectivo sistema de ensino. (Brasil, 2001)

Podemos citar ainda o decreto 914, de 6 de setembro de 1993, que institui a Política Nacional para a Integração da Pessoa com Deficiência, segundo a qual Estado e sociedade civil devem "proporcionar ao portador de deficiência qualificação profissional e incorporação no mercado de trabalho" (capítulo III, Das Diretrizes, artigo 5).

A Lei 10.172/01, que aprovou o Plano Nacional de Educação, entre 27 objetivos e metas para a educação das pessoas com "necessidades educacionais especiais", trata entre outros aspectos do desenvolvimento de programas educacionais em todos os municípios – inclusive em parceria com as áreas de saúde e assistência social – visando à ampliação da oferta de atendimento desde a educação infantil até a qualificação profissional dos alunos.

Ainda considerando o futuro profissional da PD, a Lei de Diretrizes e Base da Educação Nacional (LDBEN), alerta os sistemas de ensino quanto à educação especial para o trabalho, destacando:

[...] a sua efetiva integração na vida em sociedade, inclusive condições adequadas para os que não revelarem capacidade de inserção no trabalho competitivo, mediante articulação com os órgãos oficiais afins, bem como para aqueles que apresentam uma habilidade superior nas áreas artística, intelectual ou psicomotora. (artigo 59, alínea IV)

Ao analisar as políticas educacionais, é possível resgatar práticas e atitudes que vêm na maioria das vezes expressando uma interpretação equivocada sobre educação para as PD. De acordo com Mazzotta (1996, p.15),

[...] Nesse sentido, cabe alertar que, tanto na literatura educacional quanto em documentos técnicos, é frequente a referência a situações de atendimento a pessoas deficientes (crianças e/ou adultos) como sendo educacionais, quando uma análise mais cuidadosa revela tratar-se de situações organizadas com outros propósitos que não o educacional.

Os Parâmetros Curriculares Nacionais adaptados às pessoas com necessidades educacionais especiais apresentam sugestões para facilitar as atividades educacionais que serão desenvolvidas por elas. Entretanto, tal conduta não colabora para a emancipação dessas pessoas; pelo contrário: "A pessoa se torna 'deficiente' pelo lugar que é dado a ela na escola. Muitas vezes, o professor já diz o que ela tem, o que dizer e como dizer" (informação verbal).[8] Quando tomamos o diagnóstico médico como verdade singular, não estamos dando a oportunidade de as pessoas portadoras de deficiência se emanciparem e perceberem que têm seus lugares na escola.

---
8 Dito por Maria Tereza Égler Mantoan durante a palestra *O direito de ser sendo diferente na escola*, Unesp, *campus* de Presidente Prudente, em 2 de março de 2005.

No Brasil, as ações educacionais voltadas a atender as PD não são eficazes, não por falta de leis, mas sim por falta de ações de responsabilidade social, mais incisivas por parte das instituições de ensino que, muitas vezes, se mostram indiferentes à realidade social e se recusam a investir em tecnologia de acesso e profissionais especializados para atender a essa fatia marginalizada da sociedade, entendendo que eles não trarão resultados financeiros atrativos ou compensatórios.

A relação entre educação e desenvolvimento econômico, educação e democracia, historicamente, está na base das propostas educacionais da sociedade brasileira no final do século XX. A garantia ao acesso da população à educação significa, fundamentalmente, a oportunidade de desenvolvimento social e econômico para todos.

As barreiras enfrentadas pelas PD para alçarem esse desenvolvimento são complexas. No que tange às exigências da sociedade, esses indivíduos são vistos como merecedores da "caridade pública" em função de seu comprometimento. O desempenho esperado das PD é preconceituosamente sempre inferior ao de um indivíduo "normal", "como se lhes faltasse a própria essência da humanidade, a racionalidade" (Paula, 1996, p.99). Os projetos de profissionalização precisam conscientizar a sociedade de que o trabalho produtivo possibilitará a essas pessoas atingir seus objetivos como seres sociais, pois é por meio do trabalho que o ser humano cresce.

Cônscios da necessidade de construir uma sociedade inclusiva, devemos entender que as PD possuem direitos como sujeitos sociais e são "diferentes" sim, em função de suas limitações e potencialidades, e por esse motivo, em algumas situações, não podem competir de forma igual em relação ao trabalho. Sobre esses aspectos, Silva (1993, p.114) evidencia:

O mundo do trabalho, de outra parte, no qual todos devem dar seu mergulho é um só. Ele mantém alguns critérios de aceitabilidade ou de rejeição, que podem independer de a pessoa ter ou não ter o corpo perfeito ou todos os sentidos em boa ordem. O critério mais comum de aceitabilidade gira, sim, em torno da ausência de anomalias físicas e mentais, mas gira também em torno da eficiência pessoal e profissional. Não a carta de apresentação, de referência ou de apadrinhamento (...) muito embora possa significar um fator decisório em muitos casos.

A dificuldade fundamental de inserção das PD no mundo do trabalho não é, absolutamente, a capacidade ou a limitação. A essência do problema está na falta de conscientização da sociedade quanto à contribuição que a PD pode oferecer por meio de seu trabalho. Verifica-se que a grande maioria das instituições profissionalizantes não oferece atendimento adequado às suas necessidades educacionais e as possibilidades de qualificação profissional são bastante reduzidas.

A educação para a PD não deve enfatizar as dificuldades que ela enfrenta pela sua condição, e sim suas possibilidades de acerto. O processo de ensino e aprendizagem deve estar centrado na pessoa e no seu potencial, e daí decorre a importância do educador não apenas estar informado sobre a patologia do aluno, mas sim estar preocupado em descobrir seus desejos, suas habilidades, seu potencial e a maneira mais adequada de recebê-la.

Urge que as instituições profissionalizantes adotem medidas eficazes oferecendo oportunidades para a participação ativa das PD nas mais diversas ações educacionais. Para isso é necessário investir na contratação de educadores especializados ou na capacitação dos educadores que já compõem a equipe, bem como em tecnologia de acessibilidade educacional, além de adotar uma série de medidas como as seguintes:

- adaptação de infraestrutura (construção de rampas, adaptação de portas e banheiros, adequação de lavabos, bebedouros, mobiliário, telefones);
- adequação de tecnologias aos alunos com deficiência visual com equipamentos como sistema de síntese de voz, impressora Braille, equipamento para ampliação de textos;
- elaboração e/ou aquisição de materiais didáticos (impresso, vídeo, CD-ROM) observando as especificidades linguísticas dos alunos com deficiência visual (Braille/áudio) e auditiva (Língua Brasileira de Sinais – Libras);
- capacitação de todo o corpo docente e equipe de funcionários no que tange aos aspectos de relacionamento, comunicação, práticas pedagógicas e metodológicas que envolvem a inclusão das PD.

Exercer uma atividade produtiva é de grande importância para a vida de todos os seres humanos. É de importância não apenas financeira, mas também se refere à possibilidade de levar as pessoas a serem independentes em termos sociais e pessoais. Nesse sentido, a profissionalização pode ser considerada uma atividade produtiva na medida em que possibilita às pessoas desenvolverem um trabalho no meio em que vivem, considerando suas condições culturais e diferenças individuais.

Conforme Sassaki, (1996, p.82), "a educação inclusiva e o emprego apoiado podem ser vistos como dois movimentos distintos, porém ambos possuindo alguns aspectos básicos em comum". Um dos aspectos é que ambos os movimentos defendem a necessidade de atender a todos os tipos de deficiência: mental, física, visual, auditiva, múltipla, as de dificuldade de aprendizagem e as deficiências de desenvolvimento. Outro aspecto consiste em que ambos os movimentos apontam a comunidade como o lugar no qual as PD querem e devem viver, trabalhar etc.: existe claramente um deslocamento de abordagem, abandonando o ambiente segregado (asilos, oficinas protegidas de trabalho etc.) para conquistar definitivamente o ambiente aberto, incluído e competitivo, na comunidade.

Os dois movimentos propiciam à PD a oportunidade de fazer escolhas e tomar decisões quanto ao como, quando, quanto, onde e o que fazer para suas necessidades pessoais, profissionais, sociais e outras. Esse processo se chama *empowerment* – "o processo pelo qual uma pessoa, ou um grupo de pessoas, usa o poder pessoal inerente à sua condição para fazer escolhas e tomar decisões" (idem, p.2).

A educação inclusiva evoluiu muito nos últimos anos, mas a educação por si só já é bastante falha. No caso da educação profissionalizante, essa fragilidade se torna mais evidente em função do perfil dos educadores que atuam nessa modalidade de educação. Segundo Gomes e Marins (2004), "a maioria desses profissionais não apresenta formação pedagógica, nem mesmo experiência docente". É necessário que o educador do ensino profissionalizante considere a possibilidade de ter em sua sala de aula PD e compreenda que elas precisam de estímulos diferentes.

Os sistemas profissionais de ensino público e de ensino privado precisam investir, cada vez mais, na preparação profissional e humana dos seus educadores e buscar estabelecer integração entre empresa e escola. Assim, haverá maior conhecimento da correspondência entre as exigências das tarefas profissionais e alcance das PD, resultando em melhor adequação, visando a sua profissionalização, tema que será discutido a seguir.

### A pessoa com deficiência visual

A Organização das Nações Unidas estima que 10% da população mundial apresenta algum tipo de limitação, incluindo as restrições leves, moderadas e severas. Considerando essa estimativa, são mais de seiscentos milhões de pessoas com deficiências no mundo. No Brasil, os resultados da Tabulação Avançada do Censo Demográfico 2000[9] indicaram que aproximadamente 24,5 milhões de pessoas (14,5% da população) apresentam algum tipo de incapacidade ou deficiência. Pelos cálculos da Organização Mundial de Saúde, entre as PD existentes no Brasil, 50% têm limitações mentais, 20% tem deficiência física, 15% tem deficiência auditiva, 5% visual e 10% têm deficiências múltiplas.

As definições de "deficiência" estão sempre sendo revistas. A Organização Mundial da Saúde (OMS) apresenta os seguintes conceitos para impedimento, deficiência e incapacidade:

- *Impedimento*: alguma perda ou anormalidade das funções ou da estrutura anatômica, fisiológica ou psicológica do corpo humano.
- *Deficiência*: alguma restrição ou perda, resultante do impedimento, para desenvolver habilidades consideradas normais para o ser humano.
- *Incapacidade*: uma desvantagem individual, resultante do impedimento ou da deficiência, que limita ou impede o cumprimento ou desempenho de um papel social, dependendo da idade, sexo e fatores sociais e culturais.

Considerando os conhecimentos existentes em nossos dias sobre saúde, a OMS trabalha com três dimensões na reflexão sobre esse tema: função e estrutura do corpo humano, atividades e participação. A partir dessas dimensões, conceitua como

---
9 Fonte: IBGE, Censo Demográfico 2000. Disponível em: <www.ibge.gov.br>. Acesso em: 2 nov. 2004.

*funções do corpo* – as funções fisiológicas ou psicológicas do corpo humano;
*estrutura do corpo* – as partes anatômicas do corpo humano, tais como órgãos, membros e seus componentes;
*atividade* – o desempenho individual de uma tarefa ou de uma ação;
*limitações de atividades* – as dificuldades individuais que podem existir no desempenho de atividades;
*participação* – o envolvimento individual nas situações de vida em relação às condições de saúde, funções e estrutura do corpo humano, atividades e outros fatores contextuais;
*restrições da participação* – problemas individuais que podem existir para se incluir ou se envolver numa determinada situação de vida. (Senac, 2002, p.23)

Paralelamente a esses conceitos, devemos considerar o artigo 3 do decreto 3.298, de 20 de dezembro de 1999, que regulamenta a lei 7.853, de 24 de outubro de 1989, e dispõe sobre a política nacional para a integração da pessoa portadora de deficiência, quando considera que

I. *deficiência* é toda perda ou anormalidade de uma estrutura ou função psicológica, fisiológica ou anatômica que gere incapacidade para o desempenho de atividade, dentro do padrão considerado normal para o ser humano;

II. *deficiência permanente* é aquela que ocorreu ou se estabilizou durante um período de tempo suficiente para não permitir recuperação ou ter probabilidade de que se altere, apesar de novos tratamentos;

III. *incapacidade* é uma redução efetiva e acentuada da capacidade de integração social, com necessidade de equipamentos, adaptações, meios ou recursos especiais para que a pessoa portadora de deficiência possa receber ou transmitir informações necessárias para o seu bem-estar pessoal e para o desempenho de função ou atividade a ser exercida.

O artigo 4 do mesmo decreto detalha um pouco mais a questão e considera que têm deficiência visual as pessoas que apresentam acuidade visual igual ou menor que 20/200 no melhor olho, após a melhor correção, ou campo visual inferior a 20º (tabela de Snellen), ou ocorrência simultânea de ambas as situações.

A Declaração de Salamanca (1994) esclarece que quando se trata de portadores de necessidades especiais, o conceito torna-se mais abrangente, pois, além dos portadores de deficiência, inclui os portadores de superdotação, as pessoas em condições sociais, físicas, emocionais, sensoriais e intelectuais diferenciadas, aqueles com dificuldades de aprendizagem, os portadores de condutas típicas (por exemplo, hiperativos) e abrange também os desfavorecidos e marginalizados.

Muitos consideram que a palavra *deficiente* tem um significado muito forte, carregado de valores morais, contrapondo-se a *eficiente*. Ela levaria a supor que a pessoa deficiente não é capaz e, portanto, é preguiçosa, incompetente e sem inteligência. A ênfase recai no que falta, na limitação, no "defeito", gerando sentimentos como desprezo, indiferença, chacota, piedade ou pena. Esses sentimentos, por sua vez, provocam atitudes carregadas de paternalismo e de assistencialismo, voltadas para uma pessoa considerada incapaz de estudar, de se relacionar com os demais, de trabalhar e de constituir família.

No entanto, à medida que vamos conhecendo uma pessoa com deficiência e convivendo com ela, constatamos que ela não é incapaz. Pode ter dificuldades para realizar algumas atividades, mas, em geral, tem extrema habilidade em outras – exatamente como todos nós. Todos nós temos habilidades e talentos característicos; nas pessoas com deficiência, essas manifestações são apenas mais visíveis e mais acentuadas.

Diante disso, neste livro adotamos o uso do termo *pessoa com deficiência* (PD), referindo-nos, em primeiro lugar, a uma pessoa, um ser humano, que possui entre suas características (magra, morena, brasileira etc.) uma deficiência – mental, física (ou de locomoção), auditiva ou visual.

Os graus de visão abrangem um amplo espectro de possibilidades: desde a cegueira total até a visão perfeita, também total. A expressão *deficiência visual* refere-se ao espectro que vai da *cegueira* até a *visão subnormal*. Chama-se visão subnormal ou baixa visão, como preferem alguns especialistas, a alteração da capacidade funcional decorrente de fatores como rebaixamento significativo da acuidade visual, redução importante do campo visual e da sensibilidade aos contrastes e limitação de outras capacidades.

Entre os dois extremos da capacidade visual estão situadas patologias como miopia, estrabismo, astigmatismo, ambliopia e hipermetropia, que não constituem necessariamente deficiência visual, mas que na infância devem ser identificadas e tratadas o mais rapidamente possível, pois podem interferir no processo de desenvolvimento e na aprendizagem.

Uma definição simples de visão subnormal é a incapacidade de enxergar com clareza suficiente para contar os dedos da mão a uma distância de três metros, à luz do dia; em outras palavras, trata-se de uma pessoa que conserva resíduos de visão. Até recentemente, não se levava em conta a existência de resíduos visuais: a pessoa era tratada como se fosse cega, aprendendo a ler e escrever em Braille e movimentar-se com o auxílio de bengala, entre outros procedimentos. Hoje em dia, oftalmologistas, terapeutas e educadores trabalham no sentido de aproveitar esse potencial visual nas atividades educacionais, na vida cotidiana e no lazer.

Usando auxílios ópticos (como óculos, lupas etc.), a pessoa com baixa visão apenas distingue vultos, a claridade ou objetos a pouca distância. A visão apresenta-se embaçada, diminuída, restrita em seu campo visual ou prejudicada de algum modo. Recursos ou auxílios ópticos para a visão subnormal são lentes especiais ou dispositivos formados por um conjunto de lentes, geralmente de alto poder, que se utilizam do princípio da magnificação da imagem, para que possa ser reconhecida e discriminada pela pessoa com baixa visão.

A cegueira, ou perda total da visão, pode ser *adquirida* ou *congênita* (tida desde o nascimento). O indivíduo que nasce com o sentido da visão, perdendo-o mais tarde, guarda memórias visuais, consegue lembrar-se das imagens, luzes e cores que conheceu, e isso é muito útil para sua readaptação. Já quem nasce sem capacidade de visão jamais pode formar uma memória visual, ter lembranças visuais.

Para quem enxerga, é impossível imaginar a vida sem qualquer forma visual ou sem cor, porque as imagens e as cores fazem parte de nosso pensamento. Não basta fechar os olhos e tentar reproduzir o comportamento de um cego, pois tendo memória visual, a pessoa tem consciência do que não está vendo.

O impacto da deficiência visual (congênita ou adquirida) sobre o desenvolvimento individual e psicológico varia muito entre os indivíduos: depende da idade em que ocorre, do grau da deficiência, da dinâmica geral da família, das intervenções que forem tentadas, da personalidade da pessoa – enfim, de uma infinidade de fatores. Além da perda do sentido da visão, a cegueira adquirida acarreta também outras perdas: emocionais, das habilidades básicas (mobilidade, execução das atividades diárias), da atividade profissional, da comunicação e perdas na personalidade. Trata-se de uma experiência traumática, que exige acompanhamento terapêutico cuidadoso para a pessoa e para sua família.

Quando a deficiência visual acontece na infância, pode trazer prejuízos ao desenvolvimento neuropsicomotor, com repercussões educacionais, emocionais e sociais que podem perdurar ao longo de toda a vida, se não houver um tratamento adequado o mais cedo possível. Entretanto, se recebe um tratamento que desenvolva outras habilidades e potencialidades, a pessoa pode chegar à vida adulta com mais autonomia.

Para o ser humano com ou sem deficiência visual, a vida adulta envolve a capacidade de alcançar o próprio sustento e o da família. Ao chegar à idade adulta, a PDV em geral já passou por um processo de reabilitação, de escolarização, de orientação e mobilidade, de aquisição de hábitos de higiene e cuidados pessoais. Esse aprendizado pode ter ocorrido em escolas e instituições especializadas ou em escolas integradas. Seja como for, a pessoa deve estar preparada para procurar seu lugar no mundo do trabalho, assumir responsabilidades e exercer seus direitos.

A situação é bem diferente quando a perda da visão ocorre na idade adulta. Esse acontecimento é um golpe na vida de uma pessoa, atingindo também seus familiares e amigos. E as perdas não se resumem ao prejuízo da visão: elas são emocionais, afetam as habilidades básicas, a ocupação profissional, a comunicação e a personalidade. Após a cegueira, a pessoa se vê mutilada, fragmentada, diferente do que era e também diferente dos demais. Algumas perdem sua autoestima e procuram tirar partido de sua condição, exigindo compaixão. Deixam de trabalhar, esperando a boa vontade alheia. Para superar o golpe e encarar sua nova condição, a primeira coisa é admitir com determinação a nova realidade. Para isso, é muito importante o apoio de familiares e amigos, para fortalecer sua capacidade de luta e de superação de dificuldades e obstáculos.

O processo de reabilitação do deficiente visual com cegueira adquirida começa quando ele mesmo aceita que deve buscar auxílio para enfrentar suas limitações. Após admitir a necessidade de um acompanhamento, o deficiente visual adulto deve procurar um centro de reabilitação que ofereça acompanhamento especializado, com uma equipe multidisciplinar: médico oftalmologista, fisioterapeuta, fonoaudiólogo, assistente social, psicólogo, educador especializado e terapeuta ocupacional.

Esse programa, preparado para adultos que perdem parcial ou totalmente a visão, inclui vários tipos de atendimento:

- *Orientação e mobilidade:* a pessoa que perdeu a visão precisa aprender a se deslocar e a executar as tarefas do dia-a-dia sem o estímulo visual. Para conseguir caminhar em ambientes conhecidos e desconhecidos é fundamental que aprimore os demais sentidos, a capacidade de concentração e a atenção. No Brasil, esse treinamento é feito em duplas – um guia vidente e um deficiente visual – com a bengala longa de alumínio, que pode ser inteiriça ou dobrável. O cão-guia, muito frequente em outros países, ainda não é comum no Brasil, mas os que existem têm sido utilizados com excelentes resultados. Existem pesquisas em andamento para desenvolver auxílios eletrônicos, baseados no sonar dos morcegos, destinados a alertar para obstáculos no caminho.
- *Desenvolvimento de habilidades manuais:* é necessário trabalhar o tato e as habilidades manuais (coordenação motora fina) para que a pessoa possa aprender o Braille e desempenhar com mais facilidade e eficiência as atividades da vida diária.
- *Aprendizado do sistema Braille:* a leitura e a escrita em Braille dependem da sensibilidade do tato, indispensável para seu exercício. Seu aprendizado abre para o adulto cego uma ampla perspectiva de comunicação.
- *Atividades da vida diária:* esse treinamento tem por objetivo desenvolver ou devolver ao deficiente visual a independência nos cuidados pessoais, na administração do

lar, em tarefas como alimentação, higiene e vestuário, para que ele possa agir adequadamente em seu cotidiano.

O processo de reabilitação da pessoa com deficiência visual colabora para que ela possa desenvolver habilidades que lhe trarão ou devolverão a autonomia, possibilitando-lhe dedicar-se aos estudos e preparar-se para o mundo do trabalho, melhorando sua qualidade de vida.

## A profissionalização da pessoa com deficiência visual

A primeira demonstração oficial de interesse pela educação das pessoas com deficiência visual em nosso país aconteceu em agosto de 1835, quando o conselheiro Cornélio Ferreira França, deputado pela província da Bahia, apresentou à Assembleia Geral Legislativa um projeto para a criação de uma cadeira de professores de primeiras letras para o ensino de cegos e surdos-mudos, nas escolas da corte e das capitais das províncias. Tal projeto não chegou a ser aprovado, por ser fim de mandato e seu idealizador não ter sido reeleito.

A segunda tentativa foi iniciada por José Álvares de Azevedo, jovem cego, descendente de família abastada, quem, ainda menino, fora estudar em Paris, no Instituto Imperial dos Jovens Cegos, idealizado por Valentin Hauy e que também servira de escola a Louis Braille (onde este último desenvolveu justamente o sistema Braille). Regressando da França em 1852, após ter lá permanecido por oito anos, lançou-se à luta pela educação de seus compatriotas, ora escrevendo artigos em jornais, ora ministrando aulas particulares dos conhecimentos lá adquiridos. Foi na condição de educador que se tornou amigo do doutor José Francisco Xavier Sigaud, francês naturalizado brasileiro e médico da Imperial Câmara, e cuja filha cega, Adéle Marie

Louise Sigaud, veio a ensinar o sistema Braille. Entusiasmado com o brilhantismo do jovem e compartilhando seu desejo de fundar no Brasil uma escola para pessoas cegas nos moldes da parisiense, o doutor Sigaud apresentou-o ao barão de Rio Bonito, pedindo-lhe que o levasse à presença do imperador D. Pedro II. Este, ao vê-lo escrevendo e lendo em Braille, teria exclamado: "A cegueira não é mais uma desgraça" – palavras às quais o Dr. Sigaud aludiria em seu discurso por ocasião da instalação do Instituto.

Assim, em 1854, o imperador D. Pedro II fundou a primeira escola para cegos na cidade do Rio de Janeiro: O Imperial Instituto dos Meninos Cegos, hoje conhecido como Instituto Benjamin Constant. O Instituto objetivava educar meninos cegos e prepará-los segundo sua capacidade individual para o exercício de uma arte, de um ofício, de uma profissão liberal.

Em 21 de novembro de 1889, o decreto n.9 do governo provisório da recém-proclamada República suprimia do nome do Instituto a palavra "Imperial". O Decreto n.193, de 30 de janeiro de 1890, denominava-o Instituto Nacional dos Cegos. Finalmente, o artigo 2 do decreto n.1.320, de 24 de janeiro de 1891, deu-lhe o nome de Instituto Benjamin Constant, pelo qual ainda hoje é conhecido, em uma justa homenagem a seu mais longo e profícuo administrador.

Até 1926, ano da fundação, em Belo Horizonte, do Instituto São Rafael, o Instituto Benjamin Constant foi a única instituição especializada para cegos no Brasil. Dele partiram as melhores e mais significativas experiências no terreno da educação especial, favorecendo o surgimento de escolas congêneres, ainda hoje em número insuficiente.

A partir da década de 1940, surgem no Brasil programas de treinamento vocacional e de profissionalização voltados para pessoas com deficiência visual. Estes programas originaram-se em instituições privadas de caráter filantrópico e assistencial, em escolas especiais ou similares.

Em 1946 foi criada a Fundação para o Livro do Cego do Brasil, que funcionava em uma pequena sala do Colégio Caetano de Campos e era destinada a transcrever para o Braille livros pedagógicos e alguns títulos clássicos da literatura mundial. A transcrição dos livros era feita com o auxílio de um grupo de voluntários, treinados pelos alunos do curso de especialização de professores para cegos do próprio colégio. Em 1950, foi fundada a Imprensa Braille. A entidade continuou ampliando suas atividades até que, em 1991, recebeu uma nova denominação e se tornou a Fundação Dorina Nowill para Cegos.

Após a Segunda Gerra Mundial, o atendimento de reabilitação foi intensificado. Isso devido ao grande número de mutilados, cegos e acometidos de outras deficiências. A década de 1950 foi considerada um marco do início da emancipação das pessoas cegas. Nessa época, o Conselho Nacional de Educação autorizou que estudantes cegos ingressassem nas Faculdades de Filosofia, o que lhes deu oportunidade para o desenvolvimento profissional em nível superior.

Em 1955, o governo do Estado de São Paulo autorizou o primeiro curso de especialização para o ensino de cegos no Instituto de Educação Caetano de Campos. No ano seguinte, foi criado o decreto n.26.258, de 10 de agosto, que dispõe sobre condições de instalação de classes Braille de conservação da vista, nos termos da lei n.2.287, de 3 de setembro 1953 e decreto n.24.714, de 6 de julho de 1955.

Em 1960, a Campanha Nacional de Educação dos Cegos foi criada, subordinada diretamente ao Ministro de Estado da Educação e Cultura. No mesmo ano, a lei n.5.991, de 26 de dezembro, foi instituída, dispondo sobre o ensino de cegos e amblíopes e dando outras providências.

Assim, a questão da profissionalização coloca-se no centro de uma articulação entre trabalho e inclusão social. A concepção profissional e o desempenho de uma atividade produtiva constituem direitos da pessoa com deficiência; entretanto, a educação brasileira é marcada pela exclusão, consequência de diversos fatores políticos e sociais, entre eles o número insuficiente[10] de instituições preparadas para desenvolver a formação profissional das PD.

Precisamos proceder a reflexões constantes sobre o trabalho que deve ser desenvolvido com as PD, pois, como sabemos, a presença de limites é uma constante na vida de todos os seres humanos. Cada pessoa apresenta limitações em relação a uma área ou outra, além de haver limitações físicas, sociais, afetivas e econômicas. A conscientização de que o limite existe em relação a todos deve ocorrer a fim de que os limites maiores, em termos intelectuais, possam ser mais bem aceitos na sociedade competitiva e, principalmente, no mundo do trabalho, uma vez que este representa a autorrealização do ser humano. A consciência de que todos os seres humanos têm limitações é fundamental para que não se exclua os sujeitos com deficiência visual do mundo do trabalho.

A situação social da PD, diante da sociedade que estimula o consumismo e o lucro, é bastante ambígua. De um lado está a sociedade que objetiva altos lucros por meio da racionalização do trabalho e, de outro, a sociedade que enfatiza a necessidade de preparação satisfatória da PD enquanto mão-de-obra para ser absorvida pelo mundo do trabalho.

A educação profissional das PD enfrenta múltiplos desafios colocados tanto pelas políticas governamentais, no que respeita à educação profissional como sinônimo de desenvolvimento social, quanto pelas iniciativas das instituições privadas e/ou assistenciais, que priorizam os projetos de profissionalização e inserção dessas pessoas no

---
10 Cf. Instituto Benjamin Constant uma história centenária. Disponível em: <http://www.ibc.gov.br/downloads/historia_ibc.doc>. Acesso em: 10 jan. 2005.

mundo do trabalho. Assim, cabe evidenciar que o sentido que se atribui ao ensino profissionalizante é promover competências "como meio de desenvolvimento da maioria das pessoas para que possam sobreviver no mundo do trabalho complexo, repleto de incertezas" (Defune e Depresbiteris, 2000, p.9).

Desta ótica, o trabalho educativo deverá atender às reais necessidades da pessoa com deficiência, uma vez que, por meio desse, as PD poderão tornar-se seres produtivos. Logo, a educação profissionalizante de PDV requer refletir acerca não apenas das condições que podem ajudar a inseri-las no mundo do trabalho, mas também daquelas necessárias para a sua completa realização.

Nesta mesma linha de análise, Silva (1993, p.87-8) afirma:

> Na ingente luta a favor da aceitação da mão-de-obra daqueles que levam a desvantagem de alguma deficiência física, mental, sensorial ou orgânica, na hipótese de ser considerada apenas e especificamente a atuação competitiva, dentro do mercado aberto de trabalho, na maioria dos casos, ela só será viável através da colocação profissional em empresas devidamente constituídas na comunidade.

Quando relacionada à pessoa com deficiência visual, essa colocação especial requer, por si só, muito esforço e muita criatividade dos profissionais que a ela se dedicam. Eles precisam dominar todos os ângulos dessa complexa questão que, embora difíceis de socializar, merecem ser conhecidos e amplamente divulgados.

A profissionalização da PDV é viável desde que se tenha uma compreensão de que a educação para o trabalho é um direito de todas as pessoas. As alternativas devem expressar não uma simples e casual oportunidade de encaminhamento, mas uma ação resultante de reflexão e análise objetiva de cada alternativa em relação às possibilidades reais de trabalho da PDV.

No atual momento brasileiro, a profissionalização das PDV tem sido alvo de constantes debates que consideram que uma das alternativas para a inserção do deficiente visual na sociedade é a profissionalização. Todavia, a possibilidade de incorporação da PDV no mundo do trabalho e, consequentemente, no meio social geral, não poderá ser ampliada se interpretada pela ótica de suas dificuldades pessoais. Para a concretização de ações realmente inclusivas, as instituições profissionalizantes deverão desempenhar seu papel oferecendo oportunidades de qualificação profissional para todas as pessoas, sem distinção.

Aumentar as oportunidades de profissionalização para as PDV requer que as instituições de ensino profissionalizante busquem compreender como se dá o processo de ensino e aprendizagem para as PD. Além disso, é necessário intensificar as ações voltadas ao desenvolvimento de métodos, estratégias, técnicas e materiais especiais de aprendizagem para esse público. Outro aspecto importante a ser considerado é a necessidade de investimentos na formação continuada de seus educadores e em tecnologia visando colocar em evidência a potencialidade dessas pessoas, favorecendo sua inclusão no mundo do trabalho.

## A pessoa com deficiência e o mundo do trabalho

Na década de 1920, o industrial americano Henry Ford (apud Fajardo, 2002, p.25) constatou que em suas fábricas eram executadas 7.822 operações diferentes e que 1.634 delas não exigiam o uso completo das faculdades físicas. Nessa época ele escreveu:

Colocados em postos convenientes, os portadores de deficiência conseguem fazer o mesmo trabalho que os outros, quando não os excedem em atividade. Um cego foi encarregado de contar parafusos e porcas e na mesma ocasião se confiou o mesmo trabalho a operários fisicamente perfeitos. Dois dias depois, o mestre-de-obras pediu que se desse outro serviço aos operários, pois o cego, além de fazer o próprio trabalho, fazia também o dos companheiros. Se a indústria estiver devidamente organizada – concluiu Henry Ford – haverá nela mais lugares para cegos do que cegos para lugares. O mesmo se pode dizer em relação a outros aleijados. Em todos esses ofícios, o homem que hoje é objeto de compaixão da caridade pública pode ganhar a vida com o mesmo direito do operário mais hábil e robusto.

Apesar da luta contra a exclusão e a marginalização social dessa parcela da população, ainda são aceitas como alternativas de inserção para as PD e como forma de integração social atividades baseadas no modelo taylorista/fordista de produção, em que o trabalho da PD, de natureza não qualificada, operacionaliza-se de forma repetitiva, e em que a realização de atividades manuais passa a ser vista como um progresso técnico de trabalho. Jannuzzi (1994, p.26) considera que

> Alguns pesquisadores deste aspecto insistem na domesticação do diferente, pois de fato, as tarefas que lhe são oferecidas implicam taylorização e, portanto, repetição das mesmas atividades. É preciso assinalar que, em grande parte, isto é proveniente de uma escolarização que não deu conta de ensinar os requisitos básicos da cultura atual: ler, escrever, contar, elementos da ciência, gosto pela arte [...].

Ao analisarmos as transformações ocorridas no mundo do trabalho, é importante destacar a contribuição de Antunes (1995) sobre a centralidade do trabalho e as transformações ocorridas no mundo do trabalho, em que o problema da exclusão das pessoas com deficiência pode ser entendido como produto de uma política de produção do desemprego em massa no atual momento de globalização da economia. Nesse sentido, ele (idem, p.23) sinaliza que

[...] o enorme leque de trabalhadores precários, parciais, temporários etc., que denominamos subproletariado, juntamente com o enorme contingente de desempregados, pelo seu maior distanciamento (ou mesmo exclusão) do processo de criação de valores teria, no plano da materialidade, um papel de menor relevo nas lutas anticapitalistas. Porém, sua condição de despossuído e excluído o coloca potencialmente como um sujeito social capaz de assumir ações mais ousadas.

Quando a PD não está profissionalmente qualificada, as barreiras para obter um emprego tornam-se ainda maiores. Entretanto, outro grave problema deve ser considerado: "a grande maioria dos projetos que preconizam a qualificação da pessoa portadora de deficiência não logra resultados exitosos por estar distanciada das necessidades do mundo do trabalho, bem como dos novos processos de transformação do sistema produtivo" (Brasil, 1996, p.61). Cabe à educação a melhoria da qualificação da força de trabalho por intermédio de cursos e treinamentos, necessários ao pleno desempenho profissional dessa parcela da população.

Diversas leis e convenções foram definidas no sentido de garantir às pessoas com deficiência o acesso ao mundo do trabalho. Entre elas, podemos citar a Convenção 159 da Organização Internacional do Trabalho, que recomenda aos países membros da OIT, considerem que o "objetivo da readaptação profissional é permitir que PD consigam e mantenham um emprego conveniente, progridam profissionalmente e, por conseguinte, facilitar sua inserção ou sua reinserção na sociedade". Além disso, a OIT determina que "pessoas com deficiência devem desfrutar, com equidade, das oportunidades de acesso, conquista e desenvolvimento do seu trabalho, o qual, sempre que possível, deve corresponder à sua própria escolha e trazer qualidade de vida sustentável".

Quanto ao que dispõe a lei sobre a garantia do acesso ao trabalho às pessoas com deficiência, o artigo 34 da seção IV do decreto 3.298, de 20 de dezembro de 1999, diz:

> É finalidade primordial da política de emprego a inserção da pessoa portadora de deficiência no mercado de trabalho e sua incorporação ao sistema produtivo mediante regime especial de trabalho protegido.

Em seu parágrafo único, estabelece que

> Nos casos de deficiência grave ou severa, o cumprimento do dispositivo no caput deste artigo, poderá ser efetivado mediante contratação das cooperativas sociais de que trata a Lei 9.867, de 10 de dezembro de 1999.

Com relação à empresa privada, ela deve contratar pessoas com deficiência, de acordo com o artigo 93 da Lei 8.213, de 24 de julho de 1991 (plano de benefícios da Previdência Social). A empresa com cem ou mais empregados está obrigada a preencher de 2% a 5% dos seus cargos com beneficiários da Previdência Social reabilitados ou com pessoas com deficiência habilitadas, na seguinte proporção:

I – até 200 empregados 2% (dois por cento)
II – de 201 a 500 3% (três por cento)
III – de 501 a 1.000 4% (quatro por cento)
IV – de 1.001 em diante 5% (cinco por cento)

Este artigo encontra-se também na Portaria 4.677, de 29 de julho de 1998, do Ministério da Previdência e Assistência Social.

O Decreto 3.298, de 20 de dezembro de 1999, em seus artigos 37 a 43, assegura à pessoa com deficiência o direito de inscrever-se em concurso público, em igualdade de condições com os demais candidatos, para provimento de cargo cujas atribuições sejam compatíveis com a sua deficiência.

Não faltam leis, o que falta é aplicá-las. A inclusão nada mais é do que a aplicação da lei que garante direitos e deveres iguais para todos. No caso do portador de deficiência, a legislação não é perfeita, mas tenta obrigar a sociedade civil a cumprir a sua parte no mecanismo da cidadania. Um exemplo disso é a lei que obriga as empresas a preencherem uma porcentagem do seu quadro de funcionários com portadores de deficiências. Essa ainda não é a solução, mas é um começo. Para garantir direitos e deveres iguais, é preciso oferecer ao portador de deficiência oportunidades iguais. É preciso que ele possa desenvolver suas aptidões e ser reconhecido naquilo que é capaz de fazer. Não basta dar emprego, é preciso que o deficiente esteja apto a executar as suas tarefas e a progredir profissionalmente, socialmente e economicamente como todos os outros cidadãos. (Nowill, s.d.)[11]

No Brasil, apesar da exigência legal, somente duzentas mil (Senac, 2002) das 24,5 milhões de PD ocupam vagas no mundo do trabalho. Dados do IBGE confirmam a estatística de que só 1% dos deficientes tem emprego e ainda indica que entre estes, apenas 2,2% possuem registro em carteira.[12] Esses números mostram que o nível de consciência de responsabilidade social no Brasil ainda é baixo. A maio-

---

11 Cf. Meio século em benefício de deficientes visuais. Entrevista com Dorina Nowill. Disponível em: <http://www2.uol.com.br/aprendiz/guiadeempregos/eficientes/info/artigos_260202.htm>. Acesso em: 20 nov. 2003.
12 Cf. Diário do Comércio 04/11/2004 – Só 1% dos deficientes consegue trabalho. Disponível em: <http://agenda.saci.org.br>. Acesso em: 15 jan. 2005.

ria das empresas que contrata as PD o faz apenas porque as empresas se veem obrigadas a cumprir a lei e por isso acabam oferecendo poucas vagas às PD, e o mais grave, sem muitos critérios, sem planejamento e, portanto, sem haver real comprometimento com a empregabilidade e inclusão. Segundo Ribas (2004, p.2):

> Agravando ainda mais esse cenário, há uma minoria de profissionais de recursos humanos, médicos do trabalho e líderes de áreas empresariais que realmente conhecem os potenciais e os limites das pessoas com deficiência. Muitos recrutadores e selecionadores sentem-se constrangidos em entrevistar e então não perguntam o simples: O que você consegue fazer, o que não consegue e quais adaptações são necessárias para conseguir fazer? Muitos instrutores ficam inseguros quando sabem que na próxima turma de treinamento haverá um cego ou um surdo.

Antes de contratar uma PD é preciso fazer a análise dos perfis dos cargos que a empresa integra em suas atividades. Para cada cargo é estabelecido um perfil profissional e um perfil psicológico, baseado no manual de procedimentos que descreve as rotinas de trabalho que o ocupante do cargo desempenhará e no próprio manual de organização que indica o cenário organizacional em que o funcionário deverá atuar. Ao analisar quesitos como natureza do trabalho, tarefas tipicamente desempenhadas, qualidades necessárias, forma de recrutamento e seleção, cargos para os quais pode ser promovido e tempo esperado de permanência no cargo, entre outros, é possível verificar se a PD corresponde ao perfil desejado. Tal procedimento também é adotado para a contratação das pessoas que não possuem deficiência. O passo seguinte está em analisar os aspectos referentes ao processo de recrutamento e seleção, treinamento, avaliação de desempenho e integração com os demais funcionários.

Outro aspecto agravante no que diz respeito à inclusão das PD é o nível de escolaridade da maioria dessas pessoas, que no Brasil é baixíssimo, como também é precário o grau de preparação para o trabalho. Segundo a pesquisa realizada pela Secretaria do Trabalho[13] do município de São Paulo, 29,2% das pessoas com deficiência cursaram ensino fundamental da 5ª à 8ª série e 33,5%, da 1ª à 4ª. Os poucos que concluíram o ensino médio de modo satisfatório e os universitários têm mais chances de serem empregados. Mas os muitos que interromperam os estudos ainda no ensino fundamental ou seguem estudando a passos lentos estão desempregados e praticamente sem grau de competitividade para obter um emprego formal com registro, benefícios e garantias trabalhistas. Por essa razão, muitos ganham a vida no mundo do trabalho informal ou são financeiramente dependentes de seus familiares.

É valido considerar ainda que a legislação vigente muitas vezes é utilizada pelos que têm poder de auditoria como instrumento de coerção e não como deveria ser: um recurso educacional para que as empresas se adequassem a fim de promover a contratação, o crescimento profissional e a retenção no emprego.

Além disso, os empresários não contam com quase nenhum incentivo governamental para qualificar profissionalmente e contratar pessoas com deficiência. São cobrados a cumprir a legislação que fixa uma porcentagem de contratações, mas são muito pouco encorajados com auxílios estratégicos.

Segundo Ribas (2004, p.1-2), algumas ações podem promover o emprego das PD:

---
13 Cf. Pesquisa aponta taxa de desemprego de 88,7% entre portadores de necessidades especiais. Disponível em: <http://www.caminhodomeio.org/index.php?option=content&task=view&id=288&Itemid=38>. Acesso em: 04 de Abr. 2005.

- As empresas devem incrementar seu grau de responsabilidade social, constatando que a ação cidadã não atrapalha os seus negócios. Pelo contrário, amplia-os. Segundo a pesquisa Responsabilidade Social das Empresas – Percepção do Consumidor Brasileiro, que é realizada desde 2000 pelo Instituto Ethos, jornal *Valor e Indicador*, "é evidente o prestígio que a contratação de pessoas com deficiência traz às empresas" (Gil, 2002 p.32). Assim, um dos ganhos importantes para a empresa é o de imagem. Também há ganhos no ambiente de trabalho. A empresa inclusiva reforça o espírito de equipe de seus funcionários, o que reflete em maior produtividade.
- As PD devem ser vistas como profissionais em quem se pode investir. Rampas, banheiros adaptados, *softwares* de voz, leitores de telas, impressoras Braille, intérpretes de Libras devem ser encarados como recursos e ferramentas de acesso ao trabalho oferecidos aos profissionais com deficiência, tanto quanto o são as estações de trabalho ergonômicas, os aplicativos gráficos e os professores de línguas colocados pelas empresas à disposição dos profissionais ditos "normais" em quem se acredita que investir trará resultados maiores.
- A classe empresarial deve ainda ter o destemor de examinar não só os valores explícitos como também os tácitos presentes nas suas culturas organizacionais. Uma possibilidade de torná-la mais receptiva à convivência com pessoas com deficiência é instigar a pesquisa acadêmica e explorar melhor o tema, até agora só pincelado nos currículos universitários.
- Quanto à legislação nacional vigente pertinente às pessoas com deficiência, ela deve ser reapreciada para que se verifique em que medida sua aplicação encontra-se a favor da empregabilidade. Uma possível reforma deve vir imbuída de foco educativo e jamais coativo; deve estar a serviço da união das partes envolvidas e colaborar

com a aplicabilidade da responsabilidade social. Deve, também, reavaliar a obrigatoriedade do cumprimento do preenchimento das cotas de emprego, levando em consideração a capacidade de absorção pelos diferentes setores empresariais, os variados graus de risco à saúde e segurança do trabalhador existentes em cada segmento empresarial e envolver as empresas com menos de cem funcionários (hoje desobrigadas de contratar). Deve, ainda, incentivar criteriosamente a criação de cooperativas que possam se tornar uma alternativa segura de trabalho e renda para os que têm maior dificuldade de conseguir emprego formal.

– Incentivos governamentais devem ser concedidos às empresas privadas – sem que isso signifique isenção fiscal ou tributária. Não se trata de pagar menos impostos para contratar pessoas com deficiência. Trata-se, por exemplo, de poder dispor de linhas de financiamento a juros baixos para poder adaptar arquitetonicamente as edificações e comprar equipamentos que darão maior profissionalismo a estas pessoas.

Antunes (2003, p.90) acredita que:

> [...] a pessoa com deficiência, se orientada para atingir o máximo de suas potencialidades e se direcionada para programas de reabilitação profissional, poderá competir no mercado de trabalho. Apesar dessa visão, o trabalho protegido ou mesmo acompanhado não pode ser considerado um fator de equalização entre pessoas ditas "normais" e pessoas com deficiência. Isto porque as pessoas deficientes possuem seus direitos como sujeitos sociais, cuja posse não pode e não deve ser negada. São, contudo, pessoas "diferentes" em função das suas especificidades, isto é, das limitações que lhes são próprias e por este motivo não podem concorrer de forma igual com os indivíduos ditos "normais" em um mercado de trabalho tão competitivo e excludente.

A crise de desemprego que permeia a economia do país – ora mais acentuada ora menos – aterroriza as PD, tornando-as ainda mais marginalizadas, tendo, contra si próprias, a "diferença" ou a "deficiência" como forma de exclusão social.

Todas as considerações apresentadas até aqui contemplam as dificuldades e possibilidades que permeiam a inclusão das PD no mundo do trabalho e aplicam-se na mesma dimensão às PDV, e evidenciam a importância de encontrarmos alternativas para favorecer a sua inclusão no mundo do trabalho, entre quais se destacam as tecnologias da informação e comunicação.

## A relevância do trabalho para o ser social

Ao resgatar a história do ser social, Antunes (2003) explica que "é a partir do trabalho, em sua cotidianidade, que o homem torna-se ser social, distinguindo-se de todas as formas não humanas". Do ponto de vista sociológico o trabalho pode ser considerado uma das formas mais fortes de inclusão social. Nessa perspectiva, segundo Wanderley (2001), "o vínculo dominante de inserção na sociedade moderna é a integração por meio do trabalho." O trabalho apresenta-se como possibilidade de realização do ser social, condição para sua existência.

> [...] pode-se falar racionalmente do ser social tão somente quando se compreende que sua gênese, sua separação da base originária e sua emancipação estão fundadas no trabalho, ou seja, na contínua realização de finalidades colocadas. (Lukács apud Antunes, 2003, p.124)

Para o ser humano, o trabalho é uma forma de sublimação, é por meio do trabalho que o homem busca o sustento, ao mesmo tempo em que vislumbra desenvolver o relacionamento interpessoal e a realização pessoal. Assim, não trabalhar é abdicar do progresso pessoal e social. Marx (apud Antunes, 2003, p.125) apresenta o significado do trabalho para o homem:

> [...] Como criador de valores de uso, como trabalho útil, é o trabalho, por isso, uma condição de existência do homem, independente de todas as formas de sociedade, eterna necessidade natural de mediação do metabolismo entre homem e natureza e, portanto, vida humana.

O mundo capitalista está cada vez mais competitivo, exigindo cada vez maior conhecimento e qualificação profissional, maior flexibilidade do ser humano em trabalhar em equipe e em acumular várias funções distintas. Enfim, exige-se muito mais do perfil e da produtividade do trabalhador, pois este precisa se adaptar às regras econômicas. Ao mesmo tempo a crise econômica impulsiona o aumento dos índices de desemprego, e diante da competitividade torna-se cada vez mais difícil encontrar trabalho e mantê-lo, o que reflete em uma sociedade marcada pela insatisfação profissional e pessoal e, consequentemente, pela exclusão social.

Ainda, segundo Paugam (2001), o ser humano que incorpora o desemprego "como um fracasso profissional e os que não conseguem um primeiro emprego, tomam progressivamente consciência da distância que os separa da grande maioria da população e acreditam que o fracasso que os atinge é visível a todos". Esse constrangimento destrói gradativamente a autoestima do ser humano, que muitas vezes torna-se desacreditado e sem perspectivas de reintegração à sociedade.

> [...] a desclassificação social é uma experiência humilhante, ela desestabiliza as relações com o outro, levando o indivíduo

a fechar-se sobre si mesmo. Mesmo as relações no seio da comunidade familiar podem ser afetadas, pois é difícil para alguns admitir que não estejam à altura das pessoas que o cercam. [...] À desclassificação profissional soma-se uma desintegração familiar que aprofunda o sentimento de culpa. Ao enfrentar tais situações, o desempregado perde rapidamente seus principais pontos de referência e atravessa uma profunda crise de identidade. (idem, ibidem, p.75)

Se o sujeito provém de um meio sociocultural desfavorecido, seu investimento cultural é limitado e a situação torna-se mais grave ainda se o sujeito é uma pessoa com deficiência. Os efeitos disto sobre o sujeito revelam-se sob forma de desprezo, humilhações e rejeições sociais.

Ser bem-sucedido em uma sociedade capitalista significa ter acesso aos bens de consumo, ser alguém respeitado pelo que possui de bens materiais, e o fracasso neste contexto é privar-se até mesmo das necessidades básicas. Nesse sentido, não alcançar o sucesso não é somente não corresponder à pressão social; é acima de tudo ser excluído de uma sociedade cujos valores predominantes se relacionam ao poder financeiro. Assim, esta pressão da sociedade cristaliza-se em um sintoma específico, de acordo com a singularidade de cada um. Isto nos remete a refletir sobre os sintomas gerados nas pessoas com deficiência em consequência de muitas vezes não terem oportunidades de competir igualmente no mundo do trabalho em função dos preconceitos que a sociedade capitalista vem alimentando.

Como expressão da realidade existente na sociedade regida pelo capitalismo, a relevância do trabalho para o ser social deve ser considerada em sua amplitude. Se na formulação marxiana o trabalho é ponto de partida do processo de humanização do ser social, também é pertinente entendê-lo como fonte de inclusão social e, assim, compreender a importância de desempenharmos ações conscientes para promover a inclusão das pessoas com deficiência nesse âmbito.

Nessa perspectiva, os trabalhadores com deficiência visual, que historicamente sempre estiveram à margem do mundo do trabalho formal, mais do que nunca necessitam ressignificar sua vida e sua formação para enfrentar o desafio do advento das novas tecnologias e as mudanças operadas em ritmo tão intenso que causam profundo impacto e mal-estar social: de um lado exigindo novas competências, habilidades e qualificações dos trabalhadores para fazerem face à essa nova demanda mundial e, de outro, aumentando o número de excluídos do mundo do trabalho. Assim, é pertinente compreender as novas tecnologias como potencializadoras de oportunidades para a profissionalização e inclusão das PDV no mundo do trabalho.

## As tecnologias como potencializadoras de oportunidades de profissionalização e de inclusão das PDV no mundo do trabalho

Discutir a inclusão da pessoa com deficiência visual no ensino profissionalizante e no trabalho implica compreender o tema em sua amplitude, o que envolve um estudo suficientemente extenso e complexo sobre as tecnologias desenvolvidas para atender as PDV, que não se pretende esgotar neste livro. Entretanto, busca-se aprofundá-lo na medida necessária para dimensionar o potencial de tais tecnologias, especialmente no que tange ao uso do computador pelas PDV.

O processo de inclusão da PDV implica a eliminação de barreiras: a da aceitação, a da comunicação, a do espaço e a do acesso a informação. Assim, as tecnologias podem ser consideradas forte aliadas na superação de algumas dessas barreiras.

O desenvolvimento de estudos e de aplicações envolvendo o uso de tecnologias em educação e reabilitação de pessoas com deficiência é, no geral, centrado em situações locais e tratam de incapacidade específicas. Servem para compensar dificuldades de adaptação, cobrindo déficits de visão, audição, mobilidade, compreensão e outros. Projetos, protótipos e instrumental dessa natureza conseguem reduzir as incapacidades, atenuar as dificuldades, fazem falar, andar, ouvir, ver, aumentar as possibilidades de aprender. Mas isto só não basta [...] Para garantir a todas as pessoas, indistintamente, uma vida de qualidade e para que todos possamos compartilhar dos avanços científicos e tecnológicos de uma dada época, a sociedade precisa estar fundada em princípios de igualdade, de interdependência e reconhecer e aceitar a diversidade humana, em todas as sua manifestações. Em uma palavra, precisamos somar competências, produzir tecnologia, aplicá-la à educação, à reabilitação, mas com propósitos muito bem definidos e a partir de princípios que recusam toda e qualquer forma de exclusão social [...]. (Mantoan, 2000, p.55-60)

De fato, a evolução tecnológica na área computacional gerou contribuições inestimáveis para a acessibilidade das PDV à educação. Entretanto, isoladamente, a tecnologia não é suficiente, é necessário que esteja associada a um contexto interdisciplinar, para ser considerada uma colaboradora em potencial.

Assim, cabe ressaltar que eliminar as barreiras que impedem a inclusão da PDV à educação e ao mundo do trabalho requer esforços tanto por parte das PDV, quanto pelas instituições de ensino profissionalizante, bem como da sociedade empresarial. É necessário modificar procedimentos e estruturas para adaptar o meio às necessidades das PDV sem, contudo, modificar seus objetivos, garantindo que todos não percam sua identidade.

Assim, ao tratar o tema tecnologia, é conveniente enfocar a tecnologia de acessibilidade para a comunicação, sob o enfoque de um aspecto que colabora imensamente para a inclusão da PDV no que tange ao meio profissional.

Para Baranauskas e Mantoan (2000, p.13-23), "[...] a convergência entre as novas tecnologias e a educação força a busca por novas alternativas de ensino que transformem os ambientes educacionais, eliminando a transmissão do conteúdo acadêmico por meio do livro didático e do quadro negro". Esta convergência passa pela revisão do conceito de acessibilidade ao conhecimento escolar em todos os seus níveis. A tecnologia criada com o avanço na área de informática e das telecomunicações amplia o conceito de troca de informação auxiliada por computador e os modos de comunicação. Essas possibilidades de comunicação, viabilizadas pelas novas tecnologias, podem ser apropriadas igualmente no domínio do ensino e da aprendizagem. Esse ambiente recomendado pelas autoras pode ser entendido como potencializador para o desenvolvimento de pessoas com deficiência visual

A utilização das tecnologias pode potencializar o acesso à informação para as PDV. Para tanto, deve-se considerar a utilização desde dispositivos de interação menos sofisticados, como as regletes,[14] até os mais complexos sistemas de interação com computadores. A importância das tecnologias está na autonomia que elas proporcionam às pessoas com deficiência visual. Entretanto, há que se considerar que a criatividade do educador e o seu envolvimento juntamente com o aluno deficiente visual na busca da melhor solução para o seu problema é imprescindível.

A barreira da comunicação é caracterizada pelas dificuldades das PDV em acessar o conteúdo educacional oferecido pelas instituições de ensino ou as informações disponibilizadas pelas empresas.

---
14 Reglete é um aparelho que tem a função de grafar em alto relevo, em uma folha de papel, os caracteres da escrita Braille.

A tecnologia utilizada pelas PDV para o acesso à informação é variada em grau de sofisticação, sendo considerados desde artefatos mecânicos até os mais sofisticados sistemas de interação entre a PDV e o computador. Além disso, muitas vezes, em função de especificidades de cada pessoa, estes artefatos são desenvolvidos e adaptados de maneira personalizada, alguns com características quase artesanais. Atualmente, a falta de padronização entre os fabricantes de tais dispositivos gera uma quantidade grande e diversificada de equipamentos, o que acarreta um grande esforço por parte das PDV para se adaptarem a um determinado modelo de dispositivo. A padronização de tais dispositivos colaboraria para que a adaptação da PDV a diferentes ambientes – escolas e empresas – fosse mais simples.

Entretanto, neste livro busca-se apresentar apenas os dispositivos de acesso à informação mais utilizados pelas PDV e que colaboram para o processo de inclusão nas escolas e nas empresas.

Ao tratar da tecnologia de acesso à informação voltada para o deficiente visual, um destaque deve ser dado ao computador, que tem trazido grandes contribuições para o acesso das PDV à informação. Isso devido ao fato de armazenar a informação em formato digital e torná-la disponível de modo flexível para ser acessada e modificada por outros sistemas (como os sistemas amplificadores de telas, os sistemas de saída de voz e os sistemas de saída em Braille), de maneira mais eficiente.

Mesmo com a proliferação dos sistemas computacionais e com a crescente utilização da telemática pela sociedade, ainda há muito o que fazer no sentido de melhorar os projetos de interface homem-máquina. É necessário conscientizar os profissionais responsáveis por tais desenvolvimentos, em especial os projetistas de interfaces, para que se preocupem em desenvolver interfaces que sejam acessíveis a todas as pessoas. Segundo Baranauskas e Mantoan (2000), "os propósitos dos projetos de interface são o de oferecer uma interação amigável e facilitada ao usuário. Assim, tal conceito deve ser aplicado considerando todos os tipos de usuários, sendo estes pessoas com deficiência ou não".

Grande parte dos sistemas computacionais na atualidade utiliza-se de interfaces gráficas, o que tem dificultado o uso desses sistemas pelas PDV. Em sistemas computacionais mais antigos, as interfaces eram baseadas apenas em texto, o que possibilitava que dispositivos como leitores de tela, saída Braille e sintetizadores de voz fossem mais eficientes. Atualmente, um dos grandes desafios no caso que discutimos são as interfaces de usuários gráficas ou simplesmente GUI,[15] muito presentes nas páginas da World Wide Web,[16] na Internet.

Existe uma área de pesquisa na informática, denominada interação homem-computador (IHC), que está relacionada a técnicas e métodos voltados para o projeto e implementação de interfaces. "Os estudos nessa área têm o intuito de se construir interfaces que sejam fáceis de usar, amigáveis e interativas [...]" (Hernandes, 1997).

Entre as diversas aplicações dos estudos sobre interação homem-computador existem algumas voltadas às PDV. Um exemplo é a crescente preocupação por parte dos desenvolvedores de sistemas em fazer as modificações necessárias em sistemas de IHC para garantir a acessibilidade dos produtos às PDV. Carvalho (1993, p.5-11) ressalta que:

> [...] as adaptações para as pessoas DVs, que tornam o *software* mais fácil de ser visualizado na tela, também o tornam mais

---

15 Graphical User Interface (GUI) são as interfaces fundamentadas em gráficos e desenhos, fazendo uso de metáforas de mesas de trabalho, documentos, botões, janelas etc.
16 *World Wide Web* (www) é um sistema de informação distribuído, que disponibiliza documentos chamados páginas de *web*, que possuem conexões com outros documentos ou sistemas de informação.

fácil, eficiente, rápido e livre de erros ao ser usado por indivíduos sem deficiências visuais. Outro fator de grande peso é o fato do Instituto Nacional de Pesquisa em Reabilitação e Deficiências (ligado ao governo dos EUA), ter recebido determinação de desenvolver referenciais para a aquisição de computadores e outros equipamentos eletrônicos de escritório, de modo a assegurar que tais equipamentos sejam acessíveis aos funcionários públicos deficientes. Assim, no início dos anos 80, podia se contar em ambas as mãos o número de dispositivos de alta tecnologia para cegos. Hoje, somente no Centro Nacional para os Cegos, nos Estados Unidos da América, estão disponíveis dezenas de dispositivos diferentes para que os DVs tenham acesso à informações, a maior parte desenvolvida nos últimos cinco anos. Um dos fatores que também contribuiu para este avanço foi o fato de, nos últimos anos, ter aumentado o envolvimento de DVs no campo da tecnologia.

Os dispositivos descritos a seguir foram compilados do trabalho apresentado por Carvalho, quem adotou uma classificação para eles baseada em alguns dos sentidos utilizados pelas PDV para compensarem sua perda de visão, ou seja, a audição, o tato e a visão residual. Nesse contexto, a visão será também considerada para que se possa contemplar as pessoas com visão subnormal. Acrescenta-se ainda uma classe de dispositivos denominada *transcritores*, que operam como interfaces entre um dispositivo de acesso à informação e uma fonte ou receptora da mesma, intermediando uma transformação da informação, antes que ela possa ser interpretada pelo usuário da informação, no caso a PDV.

## Dispositivos geradores de informação visual ampliada

Esses são dispositivos cujo objetivo é gerar informação ampliada, que possa ser entendida por meio da percepção visual residual das pessoas que possuem visão subnormal. Permitem fácil acesso às ilustrações e interfaces gráficas, além de promoverem a compatibilidade com o ambiente de trabalho e estudo. Tais dispositivos não são úteis para usuários cegos ou para pessoas com visão subnormal muito acentuada. São eles:

— *Ampliadores de tela de computador:* utilizados para acessar a informação disponível em computadores, de forma visual ampliada. Em alguns casos, apenas uma pequena ampliação da saída do computador soluciona a necessidade da PDV. Isso pode ser conseguido simplesmente pela substituição do monitor de vídeo normal por outro, com tela maior. Outra possibilidade é obter a ampliação da saída de vídeo de um computador por dois modos básicos: um deles é por meio da conexão de processador de tipos grandes, baseado em *hardware*. Este sistema utiliza um cartão de vídeo especial, um monitor de vídeo maior — para aumentar o tamanho da letra — e um *mouse* ou *joystick* especial para mover o cursor pela tela. O segundo modo, muito mais difundido atualmente, é a utilização de um pacote de *software* que possibilita aumentar o tamanho do que aparecer na tela, permitindo também sua impressão em tamanho ampliado, oferecendo letras e gráficos maiores sem qualquer *hardware* adicional.
— *Circuito fechado de televisão*: são dispositivos que ampliam a imagem da tela em até sessenta vezes podendo variar o contraste, utilizados por pessoas com visão subnormal. São úteis para quem necessita de maior distância para ler, escrever, desenhar e datilografar. Permitem a execução de tarefas guiadas visualmente, que seriam impossíveis ou improdutivas de ser executadas de outra forma. Alguns desses dispositivos podem ser interconectados com um microcomputador para a ob-

tenção de imagens na tela. Existem alguns modelos portáteis, porém deve levar-se em conta que a sua utilização mantém uma das mãos ocupada todo o tempo.
- *Lentes ou sistemas de lentes:* utilizadas por pessoas com visão subnormal para ampliar textos, imagens ou objetos. Podem ser lentes ou sistemas de lentes. Os mais comuns são:
- Lupas manuais e réguas plano-convexas, compostas por lentes convergentes de diversos formatos e capacidades de aumento. Quanto mais perto do olho a lupa estiver, maior é o campo visual e vice-versa.
- Lupas de mesa com iluminação são lentes convexas montadas em um suporte que fixa a distância entre a lente e a folha ou o objeto a ser visualizado.
- *Telesistemas* magnificam a imagem de longe e reduzem o campo visual, sendo úteis para a observação estática.

## Dispositivos geradores de informação auditiva

São dispositivos que visam gerar informação que possa ser entendida pela percepção auditiva, amplamente utilizados por pessoas com visão subnormal acentuada ou cegos. Entre os geradores de informação que utilizados no meio computacional, esses são os mais difundidos, devido, em parte, ao baixo custo em relação aos outros sistemas. Outro fator preponderante é o fato de poderem também ser compartilhados por indivíduos que não possuem deficiências visuais, fator importante quando se considera que atualmente as metodologias de ensino e os projetos em contexto empresarial valorizam o trabalho em equipe. São eles:

- *Braille falado:* aparelho eletrônico que funciona como agenda eletrônica, editor de textos e cronômetro. Os dados a serem armazenados, em formato digital, são nele inseridos via teclado Braille, composto por sete teclas, e posteriormente disponibilizados, em formato auditivo, pelo seu sintetizador de voz. Conectado a um computador, funciona como sintetizador de voz, transmite e recebe arquivos. Quando acoplado a uma impressora comum ou Braille, possibilita a impressão dos textos nele armazenados.

– *Gravadores de fita cassete:* constitui um eficiente recurso para armazenamento de informação com finalidade de posterior recuperação auditiva. Tem sido muito utilizado como reprodutor de livros, particularmente de livros falados, principalmente no ensino médio e superior. Atualmente é muito comum, em países como os Estados Unidos, encontrar em livrarias um acervo respeitável de livros falados de diversas áreas.

– *Sintetizadores de voz:* funcionam conectados a um computador e permitem a leitura de informações exibidas em um monitor de vídeo, previamente interpretadas por um *software* leitor de tela. Estão disponíveis no mercado no formato de placas de circuito internas ao computador ou em forma de dispositivos externos ao mesmo, para conexão em portas seriais ou paralelas.

## Dispositivos geradores de informação tátil

São dispositivos cujo objetivo é gerar informação que possa ser entendida por meio da percepção tátil das pessoas cegas ou com visão subnormal muito acentuada e que consigam interpretar o alfabeto Braille. Os dispositivos dessa classe que se utilizam de meios computacionais geralmente têm custo elevado. Com um processo de adaptação eficiente, tais dispositivos possibilitam aos seus usuários a sensação de operação direta e domínio sobre o aplicativo, fazendo com que eles os prefiram em relação a outros dispositivos. Contudo, não podem ser considerados como incentivadores de atividades coletivas em ambientes educacionais ou de trabalho, devido ao fato de não serem utilizados por videntes, podendo agravar a tendência ao isolamento das PDV. São classificados nos seguintes tipos:

- *Impressoras braille*: seguem o mesmo conceito das impressoras de impacto comuns e são compatíveis com a maioria dos computadores, por meio de conexão em portas paralelas ou seriais. Elas são eficientes na elaboração de relatórios, mas não são apropriadas para funcionar como dispositivos de acesso independentes para operação de computadores. Estão disponíveis para comercialização diferentes modelos com portes e velocidades variadas. Algumas utilizam folhas de papel soltas, porém a maioria funciona com formulários contínuos. Já existe no mercado uma impressora Braille que imprime simultaneamente caracteres Braille e comuns, em linhas paralelas, facilitando a comunicação das PDV com seus colegas videntes de trabalho ou de estudo.
- *regletes:* as regletes são utilizadas para a escrita no sistema Braille, devido ao seu baixo custo, facilidade de utilização e formato portátil. Esses materiais têm a função de grafar, em alto relevo, em uma folha de papel, os caracteres da escrita Braille. São compostos por:
  • Uma *prancha de madeira* retangular, medindo aproximadamente 31 cm por 19 cm, que possui na parte superior um dispositivo para prender a folha de papel a ser grafada (usualmente o sulfite 40gr). Em ambos os lados da pranchêta, em um sulco em sentido vertical, há sete orifícios, com espaços determinados para encaixe da reglete.
  • Uma *régua dupla de metal* (a reglete propriamente dita), unida à esquerda por uma dobradiça, formando duas hastes. A haste superior possui pequenos retângulos vazados denominados celas. Cada cela possui três orifícios de cada lado e estão dispostas, lado a lado,

em quatro linhas. A haste inferior apresenta pequenas depressões correspondentes aos orifícios de cada cela.
- Um *punção*, que consiste em uma pequena haste de metal com a ponta arredondada, presa a um punho de plástico moldado anatomicamente para um perfeito ajuste à mão do usuário.

— *Máquinas de datilografia Braille:* são equipamentos mecânicos com princípio semelhante ao das máquinas de escrever comuns, porém com o objetivo de grafar caracteres em Braille em uma folha de papel. Oferecem uma escrita mais rápida em relação às regletes, ou seja, enquanto as regletes grafam ponto a ponto os símbolos dos sistemas Braille, as máquinas de datilografia Braille permitem a grafia de vários pontos de uma só vez, ou seja, de símbolo em símbolo. O rendimento das máquinas de datilografia Braille, em termos de velocidade, pode ultrapassar o da escrita cursiva dos videntes.

— *Terminais de acesso em Braille para computadores:* os terminais de acesso em Braille geralmente são encaixados a um teclado comum, podendo ser manipulados como se fossem uma linha a mais de teclas na parte superior ou inferior do teclado. Foram criados para fornecer uma janela móvel, codificada em Braille, que pode ser deslocada sobre o texto na tela do computador. O alfabeto Braille é composto de caracteres que possuem seis pontos de código, cada um em formato matricial de duas colunas por três linhas. O terminal de acesso em Braille consiste de uma linha formada por de vinte a oitenta células Braille (cada célula representando um dos caracteres) com seis solenóides por célula (cada solenóide representando um ponto de código). Ao pressionar uma tecla do teclado comum do computador ou na atualização da tela do seu vídeo, ativam-se os solenóides do terminal de acesso Braille. O sistema pode ser programado para distinguir grifos, selecionar atributos do vídeo e mostra a posição do cursor na tela, em terminais mais avançados, compostos por mais uma linha de dois pontos de código em cada célula, que passam a fornecer tais referenciais.

— *Copiadoras em alto-relevo:* são equipamentos que, com o calor e o vácuo, duplicam materiais impressos, produzindo cópias em relevo, em películas de PVC. Beneficiam-se dessa tecnologia tanto pessoas cegas quanto as com visão subnormal.

### Dispositivos transcritores

— *Leitores de tela de computador:* são *softwares* que acessam os textos armazenados no computador e os enviam aos sintetizadores de voz, efetuando um processo padronizado de conservação denominado Text-to-Speech Conversion (TSC). São bastante utilizados por pessoas cegas ou com visão subnormal. Esses *softwares* geralmente capturam os dados diretamente da memória de vídeo, o que os torna bastante genéricos, podendo trabalhar com muitos tipos de programas aplicativos diferentes, com exceção daqueles que funcionam em ambientes gráficos, devido ao fato de não haver um local na tela em que se possa garantir que o texto seja localizado. Quando isso acontece, há a necessidade da utilização de um sistema de reconhecimento de caracteres para acesso ao texto. Os objetos gráficos (ícones) na tela são interpretados por sons característicos, denominados de *earcons* (ícones auditivos). Existem muitos *softwares* leitores de tela para esse ambiente disponíveis no mercado internacional. Há ainda processadores de texto especialmente projetados para trabalhar com sintetizadores de voz. Esses sistemas podem proporcionar um ambiente facilmente acessível às PDV; entretanto, podem apresentar

restrições em relação aos *softwares* desenvolvidos com finalidade específicas, por exemplo, o sistema de gerenciamento de estoque de uma determinada empresa.
- *Sistema OCR:* utilizado por pessoas cegas ou com visão subnormal, o sistema OCR[17] – sistema de reconhecimento de caracteres óticos – consiste em utilizar um *scanner* e um *software* próprios para a conversão de textos impressos para o meio digital, possibilitando a interpretação por outros dispositivos de acesso. O sistema possui variantes quanto à confiabilidade da conversão devido a fatores como tamanho, estilo, contraste e espaçamento entre os caracteres do texto impresso, que é submetido à varredura do *scanner*, sendo provável a ocorrência de palavras com caracteres interpretados erroneamente, o que pode ser detectado com o auxílio de *software* corretor de texto.
- *Reconhecedores de voz:* os dispositivos reconhecedores de voz permitem a substituição do teclado de um computador para a introdução de dados por comandos de voz, processo de grande utilidade para as pessoas cegas ou com visão subnormal. Podem ser ajustados para reconhecer uma grande variedade de comandos de um usuário particular, mas são menos eficientes em receber comandos de mais de um usuário. Quando são ajustados para reconhecer múltiplos usuários, o número de comandos que passam a "entender" com segurança é menor do que quando configurados para o reconhecimento de comandos de um único usuário. Os *softwares* reconhecedores de voz ainda não podem ser considerados financeiramente acessíveis, além de terem um grau de complexidade elevado no que diz respeito a sua instalação por PDV.

---

17 Do inglês *Optical Character Recognition*.

- *Transcritores Braille:* de grande utilidade para pessoas cegas, os transcritores Braille são *softwares* que executam a transcrição de textos escritos no sistema óptico (sistema de escrita comum) armazenados em computadores para o sistema Braille, disponibilizando-os para serem impressos por impressoras Braille.

- *Sistema OBR:* o OBR[18] (sistema de reconhecimento de Braille ótico) é um transcritor de textos do sistema Braille, apresentados em papel, em alto-relevo, para o sistema óptico em formato digital. O sistema foi originalmente proposto com o objetivo de atender as pessoas cegas, recuperando textos em Braille antigos de bibliotecas, para duplicação. Posteriormente, foi também sugerido para possibilitar o acesso a textos em Braille para pessoas videntes que não têm conhecimento de transcrição Braille. Tal tecnologia foi desenvolvida pelo mercado internacional e não realiza a transcrição de texto na língua portuguesa. O sistema consiste em um *scanner* adaptado com uma película de filme sensível ao relevo do sistema Braille. No computador ainda é necessário a instalação de um *software* próprio para a interpretação da varredura realizada pelo *scanner*.

Os dispositivos apresentados, muitas vezes, são combinados para atender às necessidades das PDV. A título de exemplo pode-se citar a situação na qual um educador disponibiliza para o aluno cego um texto em meio digital. Este aluno poderá fazer uso de um computador no qual deve estar instalado um *software* leitor de tela: após abrir o arquivo em um editor de texto, ele poderá ouvir a leitura do texto e, se julgar necessário, utilizar um sistema transcritor para Braille, conectado, por sua vez, a uma impressora Braille, para obter o texto impresso em alto-relevo.

---

18 Do inglês *Optical Braille Recognition*.

Outro exemplo a ser citado é o caso de uma pessoa com visão subnormal, desempenhando em uma empresa a função de receber documentos que comprovem e autentiquem informações cadastrais: ela poderia fazer uso de um sistema OCR para que o texto escrito em uma folha de papel fosse convertido em um texto digital que poderá ser armazenado em um computador e ampliado por um sistema ampliador, ou lido por um dispositivo leitor de tela, e ainda torná-lo disponível para um dispositivo sintetizador de voz que o reproduzirá oralmente.

A utilização das tecnologias apresentadas pode minimizar as dificuldades da PDV em ter acesso às informações. É possível considerá-las como soluções para a disponibilização de informações e/ou de conteúdos pedagógicos adaptados a um formato acessível, como material ampliado, em relevo, transcrito para o Braille, sonoro e em meio digital. Complementando estas indicações, faz-se necessário ainda considerar a necessidade de adaptações no ambiente físico, no que se refere à iluminação adequada.

É plausível considerar, ainda, que as instituições de ensino profissionalizante e as empresas ofereçam às PDV um processo inicial de adaptação, no qual uma pessoa – desempenhando o papel de monitor – possa auxiliar na interpretação de informações e na interação com as tecnologias disponíveis. Contudo, esse processo deve ser cuidadosamente ponderado, para não criar na PDV uma dependência desse monitor.

É necessário considerar que todas as tecnologias apresentadas e descritas aqui não serão utilizadas de forma eficiente se não forem acompanhadas de educadores especializados ou capacitados para associá-las a uma prática pedagógica que colabore realmente para que a PDV desenvolva sua autonomia, o que está fortemente relacionando à formação docente.

## Formação do educador para atuar na profissionalização da PDV

A formação do educador que trabalha com alunos que apresentam necessidades educacionais especiais ainda é muito precária. De fato, a educação por si só já é bastante falha, mas no caso da educação profissionalizante, essa fragilidade se torna mais evidente, em função do perfil dos educadores que atuam nessa modalidade de educação. Como já mencionamos neste mesmo capítulo, segundo Gomes e Marins (2004), "[...] a maioria desses profissionais não apresenta formação pedagógica, nem mesmo experiência docente".

Assim, urge que o sistema profissional de ensino público e privado invista mais na preparação profissional e humana dos seus educadores e busque estabelecer integração entre empresa e escola. Entretanto, como deve ser a formação desse educador? Quais implicações existem? Como transpor os obstáculos que permeiam essa necessidade?

Refletir sobre a formação continuada do educador atuante no ensino profissionalizante requer compreender a nova realidade do mundo do trabalho e abarcar as muitas transformações advindas principalmente do avanço tecnológico e que provocam a expansão do desemprego estrutural e da exclusão social. Diante disso, coloca-se o conceito de competência profissional, que é definido pelas diretrizes curriculares nacionais para a educação profissional de nível técnico, que nos remete a refletir sobre o principal papel do educador: ser um profissional facilitador do processo de ensino-aprendizagem, possibilitando situações de aprendizagem que potencializem para seus alunos a interação e a construção do conhecimento de forma autônoma.

Cabe assim considerar a necessidade de formar o educador, principalmente os que atuam na educação profissionalizante, para assumir seu papel diante das tecnologias, considerando que esse educador tem a responsabilidade de formar o profissional segundo as tendências e exigências do mundo do trabalho. Entre elas, possuir conhecimentos sobre informática é um quesito bastante exigido. O ritmo da revolução tecnológica é cada vez mais intenso. Sua aceleração altera as atividades da sociedade: para muitos o efeito é ficarem extasiados, enquanto outros o vêm traduzido em explosão das desigualdades, surgimento de novas formas de pobreza e exclusão, desemprego em massa e outros distúrbios sociais.

A LDB n.9.394/96 preconiza que o exercício profissional competente implica um efetivo preparo para enfrentar situações esperadas e inesperadas, previsíveis e imprevisíveis, rotineiras e inusitadas, em condições de responder aos novos desafios profissionais com autonomia e disposição empreendedora. Ao olhar pelo prisma da inclusão, tal diretriz nos instiga a refletir sobre o quanto o educador atuante no ensino profissionalizante é competente para atuar a favor da inclusão de PD.

De acordo com Terçariol et al. (2005, p.233-4),

[...] a formação inadequada dos educadores é uma das causas para não haver inclusão social, digital e principalmente escolar, pelo menos não de maneira satisfatória. [...] em algum momento na carreira de um educador ele poderá ter entre seus alunos uma ou mais pessoas com necessidades especiais. Como ele não teve uma formação que o preparasse para enfrentar essa realidade, o educador se sente desnorteado e inseguro quanto às atitudes corretas e metodologias adequadas.

Ao estabelecer uma relação entre a formação do educador do ensino profissionalizante e seu papel diante da inclusão das PDV no mundo do trabalho, devemos considerar a necessidade de ser oferecida a esses educadores uma formação continuada para que possam desempenhar o seu papel atuando a favor da construção de novos ambientes de aprendizagem com compromisso ético e social, procurando desfazer as desigualdades e todo tipo de exclusão e considerando as tecnologias como meio para desbravar esse caminho.

Compartilhando as ideias de Gomes e Marins (2004, p.156):

> [...] os profissionais do mercado que se dedicam também à docência, o fazem geralmente como complementação de realização pessoal, profissional ou como forma de extensão de sua função autônoma. Os professores da educação profissional são geralmente selecionados por seu desempenho técnico, pela especificidade e pela experiência no mercado de trabalho. A maioria desses professores não apresenta formação pedagógica, nem mesmo experiência docente, o que tem levado algumas instituições de ensino a adotarem programas de formação continuada, garantindo a formação específica para o magistério.

Dessa forma, é fundamental que os educadores do ensino profissionalizante participem de programas de formação continuada para que possam favorecer a inclusão da PD no mundo do trabalho. Entretanto, considerando os pensamentos de Imbernón (2004, p.56), é necessário que

> [...] esta formação proporcione um processo que confira ao docente conhecimentos, habilidades e atitudes para que possam colaborar na formação de alunos-profissionais reflexivos ou investigadores. O eixo fundamental dessa formação é o desenvolvimento de instrumentos intelectuais que facilitem suas capacidades reflexivas sobre a própria prática docente, cuja meta principal é aprender a interpretar, compreender e refletir sobre a educação e a realidade social de forma comunitária.

Ao elaborar um programa de capacitação ou formação continuada, voltado a desenvolver competências para que os educadores recebam em suas turmas PD, este não deve apenas restringir-se à conceituação, etiologia, prognósticos das deficiências, os termos adequados ao se referirem a essas pessoas ou ainda o aspecto informativo das tecnologias disponíveis no mercado que facilitam o acesso às informações para elas. Isso minimizaria a possibilidade de o educador refletir sobre sua prática, de compartilhar as dificuldades que emergem de seu contexto e o modo como as enfrenta, bem como de dialogar sobre suas angústias que não favorecem a descoberta de caminhos para superar suas necessidades.

Na perspectiva de Macedo (1994, p.59),

> Por mais que um professor faça cursos e fundamente sua prática pedagógica, a tendência é ficar dominado pelos problemas práticos e pelo dia-a-dia, difícil e envolvente, da sala de aula. A superação dessa tendência pelo professor é importante e não é fácil porque supõe a tematização de seu cotidiano, o que implica torná-lo público, sistematizar a metodologia, compartilhar com colegas os problemas que enfrenta [...].

Os programas de formação continuada devem preconizar que não basta ao educador dominar todos os mecanismos de transmissão ou ser um técnico capaz de colocar em prática as teorias mais complexas, ou ainda conhecer todas as tecnologias que podem potencializar o acesso à informação pelas PDV. É necessário transpor os paradigmas e métodos tradicionais de ensino. Segundo Schlünzen et al. (2003, p.43), "a formação do educador deve dar-lhe meios para auxiliá-lo a descobrir outro modo de agir e mudar para o benefício dos educandos".

Ao refletir sobre a atitude dos educadores frente à inclusão, Mantoan (1997a, p.124) pontua:

[...] alguns já têm bem claro que a inserção é possível, porque tiveram experiências que lhes demonstraram essa possibilidade; outros estão em busca dessa certeza e se empenham por encontrá-la. Entretanto há infelizmente os que tentam, porém não conseguem se libertar de preconceitos e de hábitos muito enraizados, que não lhes permitem fazer uma releitura de suas atuações, à luz de novos propósitos e procedimentos educacionais.

Segundo Amaral (1992), "[...] do ponto de vista psicológico, várias são as formas de fugir ao problema-deficiência. Dentre elas, a rejeição se destaca, com seu cortejo: o abandono, a superproteção, a negação..."[19] À psicologia social cabe estudar os fenômenos psicossociais, que se apresentam associados às atitudes, aos preconceitos, aos estereótipos e aos estigmas, e devem ser refletidos nos diálogos sobre a formação de educadores, compreendendo o processo dessas manifestações na prática pedagógica do educador. Amaral (idem), em sua tese de doutorado, faz reflexões que colaboram imensamente para que seja possível entender a dinâmica desses fenômenos quando se manifestam nas pessoas que lidam ou vivem com a deficiência. Considerando que muitos aspectos na formação desse educador não

---

19 Amaral (1992) define *abandono* como a forma explícita da rejeição, não se caracterizando necessariamente por uma forma literal, podendo ocorrer de modo implícito, indireto, quando – embora possível – não há investimento, seja de amor, de dedicação, de tempo etc. A autora assinala ainda que *superproteção* é formação reativa, transforma o afeto, o sentimento em seu contrário, deslocando o centro da relação para o protetor – protagonista ele da situação –, desvitalizando o desprotegido "protegido", deslocando o eixo vital do outro para si. Enfatiza também que pelo menos três são as formas de concretização da *negação*: atenuação, compensação e simulação, e elas podem ser usadas pelas pessoas com deficiência, por sua família, pelos profissionais, pelo homem comum, enfim, por qualquer um que uma vez em contato com a deficiência entre em sofrimento psicológico.

estarão relacionados apenas ao cognitivo e sim a questões atitudinais, cabe compreendermos em profundidade as reflexões de Amaral e associá-las ao contexto da formação de educadores que atuam com PD.

A reflexão é iniciada pela compreensão de que *sentimentos* são resultados das confluências de todas as funções psicológicas: percepção, emoção, motivação, cognição e aprendizagem, entre outros. Também cabe considerar o que se entende por *atitude*, que segundo o raciocínio de Amaral (idem) "é uma disposição psíquica ou afetiva em relação a determinado alvo: pessoa, grupo ou fenômeno; pode-se dizer que as atitudes são uma postura, elas exprimem um sentimento e preparam a pessoa, em princípio, para uma ação". Ainda é importante ressaltar que as atitudes antecedem o *comportamento*, então a autora conclui: "as *atitudes* estão para o comportamento assim como os *preconceitos* estão para os *estereótipos*" e assim manifesta entender o *preconceito* "como uma atitude favorável ou desfavorável, positiva ou negativa, anterior a qualquer conhecimento" (idem).

Amaral (idem, p.60-75) articula tais fenômenos com olhar as diferenças e a deficiência:

> Nesse caso o *preconceito* pode ser a aversão ao diferente, ao mutilado, ao deficiente – os *estereótipos*, em consequência, serão: o deficiente é mau, é vilão, é asqueroso, é revoltado. Ou, de outro lado, o *preconceito* pode ser baseado em atitude comiserativa. Os *estereótipos* podem ser: o deficiente é vítima, é sofredor, é prisioneiro. [...] Grosseiramente, pode-se dizer que o estereótipo, quando "negativo", alia-se (ou constrói?) o *estigma*. Simultaneamente o *estigma* cria o *estereótipo* do estigmatizado. A relação dialética pode ser levada ao infinito. (grifo nosso)

Diante disso, ele nos leva a entender que os *estereótipos* podem estar relacionados aos atributos de *valência positiva ou negativa*, enquanto o *estigma* é associado apenas aos atributos de *valência negativa* e alerta sobre a existência de diferentes tipos de estigma: as *abominações do corpo* (deformidades físicas), as *culpas de caráter individual* (distúrbio mental e desonestidade, entre outros) e os estigmas de caráter *étnico-cultural* (raça, cor e religião, entre outros).

Assim, o *desconhecimento* é colocado por Amaral (idem) como: "[...] matéria-prima para a perpetuação das atitudes preconceituosas e das leituras estereotipadas da deficiência [...]" o que reforça a necessidade de promover uma formação de educadores que possibilite a reflexão sobre a manifestação de tais fenômenos em sua prática pedagógica, dando a oportunidade para que possam rever suas atitudes e comportamentos e construir novos conceitos que possam sustentar uma prática pedagógica inclusiva.

Nesse sentido, Schön (apud Valente e Prado, 2002, p.38) propõe um estudo da prática fundamentada na reflexão do profissional, considerando essencialmente as diferentes dimensões dessa reflexão, como "a *reflexão na ação*, a *reflexão sobre a ação* e a *reflexão sobre a reflexão na ação*".

Assim, a *reflexão na ação* está relacionada à reflexão, que acontece no momento em que o educador está em sala de aula desenvolvendo sua prática pedagógica. Segundo Valente e Prado (idem), "essa *reflexão* é desencadeada no momento em que o professor não encontra respostas às situações inesperadas que surgem da ação presente". Esse nível é complementado por meio da *reflexão sobre a ação*, que ocorre quando o professor se distancia da ação presente e passa a reconstruí-la mentalmente a partir da observação, da descrição e da análise dos fatos ocorridos. Isso possibilita ao educador reconhecer e entender como resolveu imprevistos ocorridos e quais atitudes devem ou não ser alteradas em sua ação. Ainda, o último nível de reflexão está relacionado ao ato de o professor refletir sobre a reflexão na ação, o que desperta outras maneiras de interpretar e compreender os questionamentos sobre a prática. Os conhecimentos teóricos e práticos se complementam, dando oportunidade ao professor de compreender o conhecimento construído durante sua prática pedagógica.

Ao conceber uma proposta para a formação continuada de educadores que atuarão a favor da inclusão, é preciso considerar a necessidade de fornecer a eles meios para que percebam o quanto é importante adotarem atitudes acolhedoras e inclusivas em relação aos alunos, não assumindo uma postura de superproteção, mas sim estimulando seus potenciais. Para isso é necessário que o educador compreenda que

> [...] o processo de conhecimento é tão importante quanto seu produto final e que se deve respeitar o ritmo da aprendizagem e o seu traçado, que cada aluno elabora, a partir de seus sistemas de significação e de conhecimentos adquiridos anteriormente. Os professores também precisam conhecer como os conhecimentos evoluem e como a inteligência se manifesta na organização das estratégias, ou seja, como os alunos aplicam conhecimento, informações que já possuem para se adaptarem a situações novas e desequilibradoras do pensamento e da ação. (Mantoan, 1997a, p.124)

Tal citação entoa a seguinte reflexão: o educador precisa compreender as PDV e suas maneiras de se relacionarem com o mundo em que vivem, para então ser um mediador no processo de aprendizagem dessas pessoas, conforme mostrou Mantoan (idem, p.36), ao descrever como as PDV organizam dados:

> Para compreender o indivíduo e sua maneira de relacionar-se no mundo que o cerca, há sempre que se considerar sua estrutura própria que exprime ao mesmo tempo sua especificidade e generalidade (o conteúdo e a forma)[20] e a dialética

---
20 Aqui Mantoan empresta de Masini, 1993, o significado de conteúdo e forma. Os *conteúdos* são os dados sensoriais (visão, tato, audi-

entre ambas. No caso do deficiente visual, por exemplo, ele tem a possibilidade de organizar dados, como qualquer outra pessoa, e estar aberto para o mundo, em seu modo próprio de perceber e de relacionar-se; ou ao contrário, estar doente, isto é, fechado ao imediato que o cerca e a ele restrito. O que não se pode desconhecer é que o deficiente visual tem uma dialética diferente, devido ao conteúdo – que não é visual, e à sua organização cuja especificidade é a de referir-se ao tátil, auditivo, olfativo, sinestésicos. É dessa dialética entre o específico e o geral que se define a estrutura psíquica, integrada ou não.

Daí a importância de o educador estar constantemente em busca do referencial da PDV e proporcionar objetos e dados que partam de seu contexto de vida.

Muitas vezes, os problemas enfrentados pelas PDV na educação relacionam-se às necessidades especiais para acesso à leitura de material de apoio às disciplinas, utilização de laboratórios de informática, acesso ao acervo de materiais impressos da biblioteca e ao acompanhamento das aulas, principalmente daquelas que exigem a interpretação de gráficos, esquemas, figuras, filmes não dublados e recurso áudio-visuais.

Vygotsky (apud Schlünzen, 2000) afirma que as pessoas com deficiência têm seus próprios caminhos para processar o mundo. Para a autora, a dificuldade do indivíduo faz com que ele se desenvolva por meio de um processo criativo (físico e psicológico), definindo-o como caminho isotrópico. Assim, as PDV encontram seus caminhos por rotas próprias e diferentes. "As pessoas com necessidades especiais, apesar de suas limitações, podem ter potenciais jamais explorados" (Schlünzen, 2000, p.52).

Consciente de que as PDV possuem necessidades especiais de acesso à informação, cabe ao educador compreen-

---

ção) e a *forma* é a organização total desses dados que é fornecida pela função simbólica.

der essas necessidades e pensar em estratégias que promovam para esses alunos situações de aprendizagem que possibilitem que eles descubram e expressem seus potenciais. Essa mudança exige do educador envolvimento com a missão de colaborar para que esse aluno alcance uma qualificação profissional que lhe possibilitará competir por uma oportunidade no mundo do trabalho.

Assim, quanto maior a participação e o compromisso do corpo de educadores da instituição nas ações de formação, compreendendo também o envolvimento dos demais agentes educacionais e, principalmente, seus coordenadores e dirigentes, e quanto maior o nível de colaboração, participação e articulação entre todos os envolvidos, maior será a possibilidade de sucesso de inclusão.

# 3
# A CAMINHADA PELO MUNDO DO NÃO VER

Este capítulo constitui-se da análise e interpretação de cada fase da investigação que embasou este livro. Inicialmente apresentamos as características de cada categoria de análise que foram utilizadas na organização e classificação dos dados coletados durante o estudo de campo. Cada fase do que chamamos de "caminhada pelo mundo do não ver" é retomada, apresentando os aspectos mais relevantes, bem como a análise e a interpretação que fizeram emergir alguns princípios norteadores para a formação continuada de educadores que venham a atuar em cursos de informática com PDV.

## Organização e classificação dos dados coletados

Apresentamos aqui cada categoria de análise e as respectivas características que serviram para definir os critérios de pertinência, possibilitando a organização e classificação dos dados coletados em função de sua significação. As categorias de análise foram definidas inicialmente com base em conceitos extraídos do referencial teórico e, em um segundo momento, durante o progresso da análise do conteúdo, novas categorias emergiram. Essa abordagem de análise é definida como modelo misto. Nele, segundo Laville & Dione (1999, p.219), "as categorias são selecionadas no início, mas o pesquisador permite-se modificá-las em função do que a análise aportará". Assim, as categorias identificadas foram:

— *Atitudes acolhedoras e inclusivas:* como postura essencial ao educador, que é expressa em sentimentos e o prepara para agir em sua prática pedagógica considerando não apenas o cognitivo do seu aluno, mas também trabalhando o emocional por meio de estímulos positivos aos potenciais e às habilidades. A atitude acolhedora e inclusiva concretiza-se na solidariedade, na parceria, na humildade, na afetividade, na disposição para o envolvimento, na cooperação, na colaboração, na percepção de como seu aluno encara a deficiência e se ele está ou não aberto a falar sobre ela. Nessa abordagem, os educadores também devem estar abertos a rever preconceitos, refletir sobre os estereótipos e estigmas que trazem para sua prática pedagógica, para transformá-la em uma prática realmente inclusiva.
— *Convívio com preconceitos, estereótipos e estigmas:* tem como pressuposto que o educador precisa estar aberto para libertar-se de preconceitos e lidar com os estereótipos e estigmas, que podem ser seus ou surgirem no convívio com o grupo de alunos em sala de aula, quando no grupo há uma pessoa com deficiência. Assim, o educador deverá estar preparado para mediar situações em que sua atitude e comportamento serão exemplos para os demais alunos. No momento em que o educador compartilha com todos os alunos seu conhecimento sobre a deficiência e conduz o grupo a fazer uma releitura

dos preconceitos, estereótipos e estigmas presentes no contexto, ele amplia a oportunidade para que todos reflitam e revejam suas atitudes e comportamentos.

- *Valorização das diferenças:* considera a necessidade do educador defender a ideia de que a presença de limites é uma constante na vida de todos os seres humanos e que cada pessoa apresenta limitações em relação a uma área ou outra. Entretanto, o educador, durante sua prática pedagógica, não deve dar ênfase aos limites de seu aluno com deficiência e sim adotar estratégias que possibilitem a cada um colaborar com o seu melhor, ou seja, valorizando-o e ajudando-o a desenvolver e descobrir seus potenciais. Ter consciência de que a educação para o trabalho é um direito de todas as pessoas é crucial para que o educador acredite que a profissionalização da PDV é possível e necessária. A compreensão do educador do ensino profissionalizante sobre o seu papel atuante em favor da aceitação da mão de obra daqueles que têm a desvantagem de alguma deficiência física, mental ou sensorial poderá fazê-lo perceber que há necessidade de mudanças em sua prática pedagógica, mudanças cujo eixo norteador é a valorização das diferenças.
- *Comunicação:* parte do princípio que, para o educador ser o mediador e o facilitador do processo de aprendizagem do aluno com deficiência visual, precisará comunicar-se com esse aluno de maneira adequada e fornecer informações apropriadas às suas possibilidades perceptuais. O educador deve compreender que as PDV têm a possibilidade de organizar dados, como qualquer outra pessoa, mas têm uma dialética diferente para atribuir significação às informações, não considerando o que é visual. Assim, o educador precisa verificar o grau de comprometimento visual de seu aluno e, ao comunicar-se com ele, deve considerar que essa pessoa possui a especificidade de fazer referência ao tátil, auditivo, olfativo

e sinestésico para organizar mentalmente novos dados. No sentido de promover situações de aprendizagem adequadas a essas especificidades, o educador deve cuidar para que não faltem a esses alunos dados que colaborem para o processo de atribuição de significados e a construção de novos conhecimentos. Para isso, o educador não precisa ser um especialista: ele precisa, sim, ter disposição para envolver-se com esse aluno e conhecer como foi ou está sendo o seu processo de desenvolvimento ou de reabilitação, ou seja, que barreiras ele já superou e quais precisam ser superadas, visando possibilitar a esse aluno desenvolver cada vez mais autonomia em aprender.

– *Autonomia no domínio das tecnologias:* para o uso do computador e dos *softwares* disponíveis como meio para facilitar o acesso da PDV à informação. Assim, o educador poderá apresentar ao seu aluno com deficiência visual algumas das principais possibilidades e funcionalidades oferecidas por essas tecnologias, para juntos identificarem a melhor alternativa para transpor as barreiras impostas pela deficiência visual. O educador deve compreender que a importância de incorporar as tecnologias em sua prática pedagógica está na autonomia que elas podem proporcionar às pessoas com deficiência visual, ampliando para elas a possibilidade de estudar, profissionalizar-se e ingressar no mundo do trabalho.

– *Criatividade:* no que diz respeito às estratégias pedagógicas que o educador deve criar e adaptar para promover situações de aprendizagem que possibilitem a participação de todos os alunos, sempre buscando colocar em evidência o potencial de cada um e jamais suas dificuldades. Conhecer as necessidades especiais e peculiares de seus alunos e desenvolver uma prática pedagógica inclusiva requer muita criatividade do educador. Trata-se de elaborar estratégias pedagógicas, dinâmicas e situações de aprendizagem que articulem a sua autonomia no domínio das tecnologias, a maleabilidade para integrar os recursos disponíveis, a inovação e a flexibilidade do educador. Em uma abordagem construcionista, o educador deve estimular o aluno com deficiência a desenvolver um processo criativo para estabelecer sua própria maneira de realizar as atividades pedagógicas propostas, o que colabora para o desenvolvimento da autonomia do aluno.

Ao apresentar a análise e interpretação dos dados coletados correspondente às quatro fases da investigação, explicitamos os princípios norteadores para a formação continuada de educadores que venham a atuar em cursos de informática com PDV que foram identificados. Buscamos ainda integrar alguns depoimentos coletados durante as entrevistas e associamos às categorias correspondentes a eles, destacando-as na margem direita da respectiva citação.

## Identificação de princípios

### Primeira fase: vivência como formadora em uma capacitação com PDV

Durante a fase em que vivenciamos o papel de formadora em uma capacitação para o uso das tecnologias da informação e comunicação com 11 jovens, todos com visão subnormal, pudemos praticar, refletir e teorizar sobre a prática. Nessa fase da investigação buscamos identificar nas situações de ensino e aprendizagem os seguintes aspectos:

– como esses jovens desenvolviam seus caminhos próprios para utilizar o computador;
– como as tecnologias da informação e comunicação (TIC) podem potencializar as oportunidades de aprendizagem

para as PDV na qualificação profissional e favorecer a sua inclusão no mundo do trabalho;
- quais dificuldades que um educador pode enfrentar ao desenvolver pela primeira vez aulas de informática para PDV.

Acreditamos que ao identificar esses aspectos poderíamos compreender alguns princípios norteadores para a formação continuada de educadores que venham a ministrar esse tipo de curso. Para que o leitor possa relacionar as características de cada participante com as análises que elaboramos, apresentamos o perfil de cada um na Tabela 1.

Dentre os onze participantes, três (J1, J5 e J11) nunca tinham utilizado o computador; outros dois (J4 e J9) já haviam utilizado ao menos uma vez um editor de textos; um (J2) já havia utilizado o computador, mas apenas para jogar, e mais um (J10) disse que utilizou uma vez o computador da Associação de Cegos e conheceu o Dos-Vox. Ainda outros quatro (J3, J6, J7 e J8) já tinham utilizado os recursos básicos dos *softwares* Windows, do Word e do Excel (desenvolvidos pela Microsoft); entre esses, um (J3) possui computador em casa e já fazia uso dos programas Dos-Vox e Virtual Vision com domínio antes de participar da capacitação. Ele inclusive mencionou que vinha desenvolvendo um trabalho voluntário na Associação de Cegos, utilizando um único computador na instituição para ensinar alguns colegas a utilizar o Dos-Vox. Contou também ter participado de um curso de informática, com duração de um mês, muito tempo atrás, porém declarou não se lembrar de muitas coisas e que sua expectativa era de que durante a capacitação pudesse aprender a utilizar outros programas, o suficiente para continuar ensinando seus colegas da associação que não podiam participar da capacitação.

Tabela 1 – Perfil dos participantes da capacitação

| Identificação | Idade | Escolaridade | Patologia |
|---|---|---|---|
| J1 | 25 anos | ensino fundamental | estrabismo e catarata / congênita |
| J2 | 17 anos | ensino médio – cursando | lesão cicatricial central na retina / congênita |
| J3 | 22 anos | ensino médio – completo | catarata / congênita |
| J4 | 21 anos | ensino médio – cursando | estrabismo / congênita |
| J5 | 19 anos | ensino médio – cursando | retinopatia da prematuridade / congênita |
| J6 | 16 anos | ensino médio – cursando | catarata / adquirida |
| J7 | 25 anos | ensino médio - completo | catarata / congênita |
| J8 | 17 anos | ensino médio – cursando | ceratocone / adquirida |
| J9 | 15 anos | ensino médio – cursando | deslocamento de cristalino / adquirida |
| J10 | 19 anos | ensino médio – cursando | glaucoma / congênita |
| J11 | 19 anos | ensino médio – cursando | estrabismo vertical / adquirida |

## Primeiro princípio

*O educador deve estar preparado para realizar a orientação e mobilidade com seu(s) aluno(s) com deficiência visual no primeiro dia de aula ou anteriormente ao primeiro dia, pois isso faz o aluno sentir-se acolhido e lhe dá segurança e independência para ir e vir.*

No primeiro encontro da capacitação, dedicamos um momento para a orientação e mobilidade dos participantes pelos espaços a que teriam acesso durante o curso (o laboratório de informática e adjacências), considerando que a deficiência visual em qualquer grau compromete a capacidade da pessoa de se orientar e movimentar no espaço com segurança e independência.

## Segundo princípio

*Explicita-se o quanto é importante que o educador compartilhe com o aluno que computador pode ser um potencializador para o desenvolvimento de pessoas com deficiência visual. Ao tomar conhecimento sobre tais possibilidades, a PDV pode sentir-se motivada a aprender a utilizá-lo.*

Ainda no primeiro encontro, com a avaliação diagnóstica realizada por meio de entrevistas individuais, pudemos constatar que a expectativa do grupo era grande em relação à capacitação, pois o considerava uma oportunidade de qualificar-se e desenvolver habilidades para utilizar o computador, o que poderia aumentar suas chances de conquistar um emprego. A maioria dos jovens já havia participado de palestras oferecidas pela Associação de Cegos, nas quais compreenderam que o computador tem sido muito empregado pelas empresas e atualmente é importante saber utilizá-lo.

O diálogo com o grupo foi direcionado de forma que eles pudessem expressar em que situações acreditavam que o computador poderia favorecer as PDV quando estão estudando ou trabalhando. Os depoimentos explicitaram que alguns tinham bem claro que o computador pode ampliar as oportunidades de acesso à informação e também da comunicação por meio da escrita, mas outros ainda não tinham a percepção de quais tecnologias voltadas às PDV já estão disponíveis no mercado e por que são consideradas fortes aliadas na superação de algumas barreiras impostas pela deficiência visual.

Ao longo dos encontros, por meio da realização das atividades propostas com o uso dos programas Dos-Vox e Virtual Vision, os jovens foram revelando e desenvolvendo seus potenciais e habilidades, bem como a autonomia na utilização do computador, o que resultou no desenvolvimento da autoconfiança e valorização das próprias capacidades, favorecendo a autoestima. Ao conhecerem os recursos oferecidos pelas tecnologias, os participantes passaram a considerar a possibilidade de utilizar o computador para transpor as barreiras impostas pela deficiência e perceberam que ao aprimorarem suas habilidades para a utilização dessas tecnologias, podem melhorar suas perspectivas.

### Terceiro princípio

*O educador deve respeitar o ritmo de cada participante e propor atividades que correspondam às necessidades de cada aluno. Em uma abordagem construcionista, o educador deve descartar a ideia de que todos os alunos têm que desenvolver a mesma atividade no mesmo ritmo.*

A cada encontro constatava-se o crescimento da desenvoltura na utilização do computador pela maior parte dos jovens. Entretanto, alguns participantes levavam mais tempo do que outros para memorizar a disposição das teclas, ficando inseguros em relação a isso, e, portanto, levavam muito mais tempo para concluir uma atividade. Concluímos que é importante proporcionar várias atividades que possibilitem à PDV memorizar a disposição das teclas antes de apresentar os diversos *softwares* e os vários recursos oferecidos por eles.

## Quarto princípio

*Cabe ao educador entender que dois alunos podem apresentar a mesma patologia, porém podem desenvolver caminhos diferentes ao utilizar o computador, e devem-se respeitar as suas escolhas.*

Para superar as barreiras impostas pela baixa visão, os participantes orientavam-se pelo tato e pela audição. Considerando que as informações chegam às PDV por dois canais principais, a linguagem (pois ouvem) e a exploração tátil, que depende especialmente das mãos, podemos entender que muitas vezes as mãos são os olhos das PDV. No entanto, quando nos referimos às pessoas com visão subnormal que possuem resíduos visuais, devemos considerar que elas articulam o tato, a audição e também os resíduos visuais como instrumento de percepção.

No segundo encontro, o teclado foi apresentado, bem como a disposição de cada tecla e as suas funções. A dinâmica foi iniciada com o computador desligado, orientando cada participante a tatear o teclado e identificar as linhas. Em seguida deveriam contar as linhas de baixo para cima, a fim de posicionarem os dedos na terceira linha na qual encontrariam uma saliência nas teclas que representam as letras F e J, nas quais devem ser posicionados os dedos indicadores.

Ainda foi utilizado o tutorial do Dos-Vox para que os alunos explorassem o teclado e fossem testando a função de cada tecla. Com o passar dos encontros, foi possível observar que os participantes utilizavam maneiras diferentes para reconhecer as teclas por meio do tato e iniciar o manuseio do teclado. Isso demonstra que nem sempre as PDV utilizarão os recursos oferecidos pelo computador da mesma forma que foi ensinada pelo educador, pois podem descobrir outros meios que acreditam ser mais adequados aos seus potenciais.

Essa situação permitiu-nos presenciar as considerações de Vygotsky (1993 apud Schlünzen, 2000), ao afirmar que as pessoas com deficiência têm seus próprios caminhos para processar o mundo. Para o autor, a dificuldade do indivíduo faz com que ele se desenvolva por meio de um processo criativo (físico e psicológico) definido como caminhos isotrópicos. Entretanto, não podemos generalizar. Esse desenvolvimento depende da pessoa. Se for uma pessoa que procura buscar outros meios para sua vida, se não for uma pessoa que foi acostumada a vida inteira a depender dos outros, ela provavelmente desenvolverá caminhos isotrópicos. No entanto, há PDV que não têm essa motivação intrínseca: elas esperam que os outros lhes ensinem de maneira detalhada, não buscam descobrir o que é melhor para elas, ficam alienadas e não desenvolvem sua autonomia.

### Quinto princípio

*Quando o educador possui autonomia no domínio das principais tecnologias desenvolvidas para as PDV, ele pode auxiliar seu aluno a identificar as tecnologias mais adequadas para minimizar as dificuldades de acesso à informação impostas pela deficiência visual.*

É claro que o educador pode apresentar todas as possibilidades de recursos tecnológicos que estiverem disponíveis, na intenção de facilitar a interação da PDV com o computador, mas isso deve ser feito sem induzir a escolha, deixando que o aluno identifique sua própria maneira de operá-lo, a que lhe parecer mais fácil, a de sua preferência.

No terceiro encontro, foi dedicado tempo para identificar como os recursos tecnológicos disponíveis poderiam ser ajustados de forma a favorecer cada participante com suas especificidades visuais. Os participantes aprenderam a ajustar a resolução do monitor de vídeo, o tamanho da fonte e o contraste das cores. Também foi apresentado a eles o painel de controle do Virtual Vision e suas possíveis configurações, bem como o processo de instalação desse programa. Todos esses elementos indicam que o educador precisa desenvolver conhecimento amplo do *software* narrador de tela que será utilizado pelo seu aluno. Aos poucos, os participantes passaram a fazer melhor uso das tecnologias. A cada encontro eles foram estimulados e incentivados a aprimorarem os sentidos auditivos e táteis para utilização dos diversos *softwares* apresentados durante a capacitação.

### Sexto princípio

*O educador precisa estar atento a alguns fatores psíquicos que as PDV podem trazer, como tendência à solidão e ao isolamento, à desvalorização de sua produção, conflitos entre dependência e independência, aceitação ou negação da cegueira, dificuldades no relacionamento interpessoal e sentimentos de desqualificação e insuficiência, entre outros que podem dificultar ainda mais assumirem seu papel no mundo. Além disso, o educador não deve assumir atitudes de superproteção, negação ou abandono: ele deve estar aberto e disposto a estimular seu aluno com deficiência a superar suas dificuldades.*

Verificamos que a maioria dos participantes que apresentava alto grau de comprometimento visual orientava-se apenas pela percepção tátil e auditiva para realizar as atividades. Entretanto, quatro participantes (J1, J5, J9 e J11) que tinham resíduos visuais mínimos, ao digitar um texto, não utilizavam apenas a leitura realizada pelo programa narrador de tela. Diante de situações em que não tinham certeza do que haviam digitado, aproximavam o rosto do teclado na tentativa de enxergar o desenho das letras sobre as teclas para prosseguir com a digitação ou ainda aproximavam o rosto do monitor de vídeo na intenção de confirmar se haviam digitado corretamente. Com isso, despendiam muito tempo para a digitação de textos.

Tal observação parece indicar que mesmo diante de uma tecnologia que possibilita fazer uso apenas da percepção auditiva e tátil para a realização de uma tarefa, as pessoas com visão subnormal tendem a tentar enxergar com os resíduos visuais. Ao dialogar com J1, J5, J9 e J11, que tinham tal comportamento, identificamos que J9 e J11 ainda não aceitavam a deficiência visual e não estavam dispostos a assumir suas necessidades. J11 muitas vezes isolava-se do grupo, não se envolvendo prontamente nas atividades em equipe. Já J5, com o tempo, conseguiu abandonar o costume de encostar a cabeça no monitor de vídeo: acreditamos que suas pretensões de conseguir um emprego impulsionaram sua força de vontade, além de ter se convencido pelo argumento de que seria mais rápido na realização das tarefas com o computador se utilizasse os recursos oferecidos pelos leitores de tela e se orientasse apenas pela audição, e que o mundo do trabalho geralmente valoriza os profissionais mais ágeis. J1, no entanto, manifestou não estar motivado a aprender e a utilizar o computador como ferramenta profissional, e já havia compartilhado com o grupo que seu projeto de vida era ser mecânico. Porém, estava participando da capacitação por ter curiosidade em conhecer um pouco mais sobre computadores.

Os diálogos estabelecidos com esses participantes (J1, J9 e J11) exigiam maior intensidade nos estímulos e incentivos para que pudessem corresponder às necessidades emocionais que permeavam fatores psíquicos como a negação da deficiência, os sentimentos de desqualificação e a insuficiência em relação aos outros.

Uma das dificuldades que vivenciamos foi lidar com os aspectos emocionais de alguns alunos e como eles refletiam em nosso estado emocional. Muitas vezes, fomos tomados por emoções que nos desequilibravam, levando-me a um comportamento inseguro, ansioso e até de superproteção para com alguns. Ao refletir e buscar compreender nossa atitude, constatamos que o educador deve estar preparado ou aberto para lidar com questões que desorganizam seu estado emocional. Segundo Amaral (1992), essas emoções que "perpassam muito intensamente as relações estabelecidas" podem se manifestar de várias maneiras e em variações de "medo, cólera, desgosto, atração, repugnância – juntas ou isoladamente, fortes ou moderadas". No entanto, a autora ressalta que "essa hegemonia desorganizadora do emocional, [...] 'cede o passo' a uma convivência não atípica, depois de superadas as fases iniciais de impacto e descompensação psíquica".

### Sétimo princípio

*O educador deve considerar que as PDV precisam de tempo para explorar de forma consciente e sistemática os* softwares *narradores de tela e então apropriar-se dos benefícios que eles podem oferecer.*

Os *softwares* narradores de tela foram bastante explorados durante a capacitação, o que permitiu aos participantes perceberem que fazer uso dessa tecnologia lhes traria autonomia para utilizarem o computador e desempenhar tarefas comuns ao dia a dia profissional. Os participantes utilizavam sua percepção auditiva para superar as barreiras impostas pela baixa visão, ou seja, ao digitarem textos, não poderiam fazer como as pessoas videntes, que mantêm seus olhos na tela do vídeo para conferir se digitaram corretamente ou não. Para terem certeza de que digitaram corretamente, as PDV ficam atentas ao som de cada letra que o *software* narrador de tela lê. Essa ação exige concentração e uso intenso da percepção auditiva. É necessário também que a PDV aprenda o significado dos sons associados às janelas, que apresentam mensagens de erro, de alerta ou de confirmação, entre outras. Ao ouvir um som emitido pelo computador, a PDV precisa adquirir o significado daquele som para seu repertório em relação à operação/recurso que está realizando/utilizando. Um exemplo disso é que alguns *softwares* narradores de tela utilizam voz feminina ou masculina para diferenciar a leitura das letras maiúsculas e minúsculas.

No entanto, o processo de adaptação às características dos programas narradores de tela não ocorre de um dia para o outro; é necessário tempo para que a PDV possa memorizar e associar as várias operações. Também é necessário considerar a necessidade de se acostumarem ao ritmo da fala mecanizada dos *softwares* narradores de tela.

### Oitavo princípio

*O educador precisa ser criativo e pensar em estratégias e dinâmicas que possibilitem à PDV participar e mostrar seu potencial nas mais diversas atividades.*

Decorridos nove encontros, foi proposta ao grupo a criação de um CD-ROM Institucional com o objetivo de resgatar o histórico e mostrar os trabalhos desenvolvidos pela Associação Filantrópica de Proteção aos Cegos de Presidente Prudente. Na ocasião, solicitou-se que cada participante manifestasse sua opinião sobre a ideia, o que permitiu verificar se o grupo estaria motivado a desenvolver tal projeto. A aceitação foi unânime. Nos depoimentos de alguns dos participantes é possível identificar que se sentiam seguros com a tecnologia e acreditavam que poderiam aplicar os conhecimentos já desenvolvidos para a criação do CD-ROM. Alguns relatos dos participantes confirmam o fato:

> Gostei da ideia porque vai ser importante para a Associação de Cegos que outras pessoas conheçam o trabalho que ela realiza. (J2)

> Vai ser muito bom, pois vai mostrar o que a gente sabe fazer. (J7)

> Amei, vai acrescentar no nosso currículo que sabemos fazer CD Institucional e até podemos fazer um "bico" depois para outras empresas. (J6)

Para a realização das atividades do projeto CD-ROM Institucional foram organizadas equipes de trabalho para desenvolver as seguintes atividades: elaboração de um questionário que serviria de roteiro para as entrevistas com os funcionários e voluntários que atuam na Associação Filantrópica de Proteção aos Cegos e realização das entrevistas utilizando gravadores de fita cassete, digitação das entrevistas gravadas utilizando o Microsoft Word e produção de fotos que pudessem complementar as informações obtidas com as entrevistas.

Todas as tarefas foram concluídas com resultados satisfatórios. Os participantes puderam vivenciar o trabalho em equipe e tiveram que lidar com conflitos relacionados ao não cumprimento de prazos e à falta de envolvimento de alguns participantes na realização da tarefa. Esse tipo de situação abriu precedente para diálogos sobre responsabilidade, comprometimento e cooperação, características importantes para um profissional que deseja ingressar e manter-se no mundo do trabalho.

A etapa do projeto em que os participantes deveriam selecionar algumas, dentre as muitas fotos que foram produzidas, exigiu o planejamento de uma dinâmica que não excluísse os alunos que não possuíam visão suficiente (mesmo ampliando as imagens) para opinar sobre critérios como o contraste e nitidez da foto e a pertinência da imagem como complementar às informações de cada seção do CD-ROM. Assim, foi informado ao grupo que naquela fase do projeto havia duas tarefas importantes a serem concluídas: uma, a seleção de fotos, e outra, a seleção de músicas. Foi solicitado que se organizassem em duas equipes e que cada equipe assumisse uma das tarefas. Para a equipe responsável pela seleção de fotos propôs-se que as pessoas que tivessem condições de visualizar as fotos descrevessem para todos de sua equipe as características da foto e a imagem para então juntos elegerem as melhores fotos. Para a equipe que ficou com a tarefa de selecionar músicas solicitou-se que juntos pesquisassem na Internet músicas e selecionassem algumas para serem reproduzidas em uma das seções do CD-ROM.

Essa dinâmica permitiu constatar que mesmo os participantes que não tinham condições de ver as fotos se interessaram em ficar na equipe na qual os colegas descreveriam a imagem. Alguns participantes acabaram ficando por um tempo na equipe de seleção de fotos e depois mudaram para a equipe de seleção de músicas. Tal comportamento permitiu-nos constatar que as PDV precisam ter oportunidades de experimentar as atividades e que cabe a elas decidir como e quando podem colaborar. Quando o educador toma essa decisão pelo aluno, ele o priva de sua autonomia e o exclui.

Ainda durante o desenvolvimento do projeto CD-ROM Institucional, a tarefa de criar uma apresentação multimídia utilizando o programa Power Point (que reuniria as informações coletadas e as fotos produzidas) foi a de maior grau de dificuldade para os participantes que possuíam alto grau de comprometimento visual (J1, J3 e J10).

Isso pelo fato de exigir que eles considerassem aspectos relacionados à estética da apresentação, em termos da distribuição do texto e das fotos nos espaço das telas e a harmonia no que se refere ao uso de cores. Além disso, para agravar o fato, o Virtual Vision, dependendo de sua configuração e também da versão do sistema operacional instalado no computador, não faz a leitura de algumas janelas do Power Point, principalmente das opções relacionadas à seleção de cores e formatação de imagens.

Esse momento da capacitação foi desafiador para esses participantes. Para J1, J3 e J10 o desafio estava em aprender a operar um programa complexo, envolvendo a abstração do pensamento, o que exigia deles muita força de vontade e envolvimento no projeto, estimulando-os a usarem os sentidos auditivo e tátil e levando o grupo a compreender que cada um poderia colaborar com seu potencial. Outro fator relevante nessa situação estava relacionado à comunicação, pois foi necessário explicar as tarefas que deveriam ser executadas por eles com um profundo nível de detalhamento, utilizando exemplos que fossem significativos para eles e que possibilitassem associações às experiências que esses alunos já tinham.

Por meio de registros sistematizados que foram elaborados ao término de cada encontro foi possível conhecer o potencial, as habilidades e as dificuldades de cada participante e direcionar ações pedagógicas no sentido de instigar o desenvolvimento singular de cada um. Os registros também mostraram, a partir das dificuldades momentâneas que os participantes apresentavam em função de cada atividade proposta, como eles superavam as barreiras impostas pela baixa visão para utilizar o computador, ou seja, como desenvolviam caminhos isotrópicos. Assim era possível planejar o encontro seguinte e definir qual seria a estratégia utilizada para favorecer cada participante.

Em uma análise geral, observou-se que os participantes da capacitação buscavam a cada encontro superar as barreiras impostas pela deficiência visual. As constatações indicam a possibilidade das PDV (individual ou coletivamente) estarem frequentemente se superando e, além disso, reafirmam que são capazes de atuar no mundo do trabalho e na vida social, desde que lhes sejam dadas as devidas oportunidades para aprender e, principalmente, para viver dignamente.

A capacitação também permitiu verificar que o uso das tecnologias pode potencializar a formação profissional das PDV e favorecer sua inclusão, considerando que elas colaboram para minimizar as dificuldades enfrentadas por essas pessoas em relação à leitura, escrita e acesso à informação.

Portanto, não há uma receita pronta e infalível para educar essa ou aquela PDV. O educador precisa conhecer o aluno que está sob seus cuidados. É papel do educador ajudar seu aluno com deficiência visual a encontrar seus caminhos isotrópicos e desenvolver seus potenciais para alcançar autonomia na utilização do computador. Porém, lembramos que uma intervenção excessiva pode comprometer o desenvolvimento dessa autonomia.

## Segunda fase: identificando o contexto

Na fase diagnóstica, após analisar as respostas dos 33 coordenadores e docentes atuantes na área de informática, nas unidades da instituição de ensino profissionalizante distribuídas no estado de São Paulo, constatamos que era unânime a opinião em relação ao despreparo dos docentes para ministrar aulas de informática para pessoas com deficiência visual. As respostas ao questionário evidenciaram que, na maioria das unidades em que já havia ocorrido a participação de PDV nos cursos de informática, os docentes sentiram dificuldades e não havia material e recursos adequados para o atendimento. A seguir, apresentamos depoimentos de três coordenadores que confirmam essa afirmação:

> Pelo fato dos cursos serem diferenciados, algumas dificuldades foram específicas: *websites* e HTML – os alunos traziam seus próprios *softwares*, mas estes expiravam rapidamente. Nas aulas de *MS-Office* e ilustração digital, os alunos estudaram juntamente com um familiar que os ajudava. Em todos os casos o ritmo dos alunos era mais lento em relação à turma.

> Estamos atendendo a primeira portadora de deficiência visual. O curso está no início, porém a dificuldade relatada pela docente é na utilização do Paint (*software* de desenho), pois a aluna tem pouca visão.

> O material (apostilas) do curso tem letras muito pequenas para o aluno.

Após a confirmação da hipótese, iniciamos a terceira fase da investigação, buscando identificar outros princípios ou validar os que já haviam sido identificados na primeira fase que pudessem nortear a formação continuada de educadores que ministrarão aulas de informática para PDV.

## Terceira fase: entrevistas com pessoas que ministraram aulas de informática para PDV

A fim de identificar aspectos importantes a serem contemplados na formação continuada dos citados educadores, entrevistamos dois sujeitos. Um deles é uma pessoa com deficiência visual que desenvolve trabalho voluntário ensinando informática para seus colegas, também com deficiência visual, na Associação de Cegos em Presidente Prudente, identificada como J3. O outro, identificado por P1, é um docente atuante nos cursos de informática da instituição de ensino profissionalizante que deparou pela primeira vez com o desafio de ter uma PDV como aluna em uma turma do curso básico em computação, juntamente com outros alunos videntes.

As entrevistas realizadas com J3 tiveram a intenção de conhecer a prática pedagógica que é desenvolvida por uma pessoa com visão subnormal congênita, que ensina informática para outras PDV, levando para esse processo a experiência de ter superado as dificuldades impostas pela baixa visão e por isso sente com propriedade as necessidades diferenciadas de seus alunos e considera os aspectos que podem favorecer a sua aprendizagem. Assim, sua experiência poderia indicar o que um educador deve saber antes de ministrar aulas de informática para PDV.

Já as entrevistas com P1 foram aplicadas com o objetivo de identificar as dificuldades enfrentadas por um docente que atua nos cursos de informática da instituição há mais de cinco anos ao lidar com a nova experiência de ter um aluno com deficiência visual em uma de suas turmas, juntamente com outros alunos videntes.

As análises das entrevistas indicaram aspectos importantes a serem contemplados. Selecionamos os extratos dos depoimentos que possuem relação com as categorias de análise e os apresentamos em seguida. Verificamos nos depoimentos de J3 e P1 algumas semelhanças, principalmente no que diz respeito à relação professor-aluno. Ficou evidente a importância do educador estar atento ao processo de adaptação do aluno e a necessidade de realizar a orientação e mobilidade desse aluno na sala de aula e nas demais dependências às quais terá acesso. Foi explicitada também a importância do educador estar inteirado sobre as formas adequadas para guiar um deficiente visual.

Se for um cego, o professor precisa ensiná-lo a andar dentro da classe. Nos primeiros dias, deve levá-lo até a cadeira, ir mostrando todo o caminho até ele sentar, vai mostrando tudo que ele tem que passar antes de chegar a essa cadeira. Vai dizendo, por exemplo, aqui tem um computador nessa sala de aula, aqui é um corredorzinho, aqui tem cadeiras. Porque o deficiente vai guardando, ele vai fazendo um mapa na cabeça. Já para um subnormal é bem mais fácil (depoimento de J3). — Atitude acolhedora e inclusiva

Deve ler sobre deficientes visuais. Saber como tratá-lo para não constrangê-lo (depoimento de P1). — Atitude acolhedora e inclusiva

O professor tem que fazer algumas leituras e entender como tratar a pessoa com deficiência visual, como conduzir, compreender essas coisas. Ele tem que ter um pouco de paciência também (depoimento de J3). — Atitude acolhedora e inclusiva

Tais depoimentos validam a pertinência do primeiro princípio identificado a partir de dados coletados na primeira fase da investigação. É importante que o educador tenha informações sobre o grau de comprometimento da visão de seu aluno, assim poderá perceber quando seu aluno precisará de ajuda para se locomover. Ao conduzir um aluno com deficiência visual, é recomendado que o educador espere que a pessoa segure seu braço, assim poderá acompanhar o movimento do corpo do educador enquanto vai andando. Para ajudar o aluno com deficiência visual a sentar-se, o educador deve guiá-lo até a cadeira e colocar a mão do aluno no braço ou no seu encosto, e deixar que ele se sente sozinho.

Em relação à utilização das tecnologias, os depoimentos de J3 e P1 também mostraram semelhanças:

> É importante o educador conhecer bem alguns dos programas falados, Virtual Vision, Dos-Vox, Jaws. Estudar esses programas, procurar adequar as apostilas e todos os materiais didáticos.
> Quanto mais o professor conhecer os programas falados, mais ele poderá ajudar o aluno a dominar o computador. É importante que em uma primeira aula de Virtual Vision o professor mostre para seu aluno todas as configurações que existem, para que ele entenda todas as ferramentas que podem ser usadas (depoimento de J3).

Autonomia no domínio das tecnologias

> É preciso estudar muito o *software* leitor de tela que será utilizado pelo deficiente visual durante as aulas. Tanto no aspecto de configuração como nas ferramentas que serão utilizadas. É importante que o docente faça uma simulação de como o aluno com deficiência visual desenvolverá as atividades previstas na apostila (depoimento de P1).

Autonomia no domínio das tecnologias

> Eu tive que "reaprender" a utilizar os *softwares* que eu já conhecia utilizando apenas o teclado (depoimento de P1).

Autonomia no domínio das tecnologias

Os depoimentos reafirmam o que preconiza o quinto princípio, identificado na primeira fase da investigação, e ainda revelam que para incorporar as tecnologias à sua prática pedagógica, o educador precisa dominar os recursos disponíveis, o que poderá auxiliá-lo a utilizar o computador como um valioso meio para minimizar as dificuldades impostas pela deficiência visual. Ele poderá lançar mão de diferentes estratégias pedagógicas diante de diferentes obstáculos que podem aparecer durante a prática. Ao apresentar ao aluno esses recursos de acessibilidade, o educador estabelecerá uma parceria com o aluno e juntos poderão identificar quais recursos são mais adequados.

## Nono princípio

*Cabe ao educador perceber se as informações que está fornecendo a seu aluno com deficiência visual são suficientes para que ele atribua significado e construa novos conhecimentos.*

Nas análises realizadas, identificamos em alguns depoimentos aspectos relacionados à comunicação:

> Durante as aulas, quando o professor está escrevendo na lousa, ele deve falar em voz alta e pausadamente o que está escrevendo ou, se estiver desenhando, precisa descrever o desenho que está fazendo, não pode esquecer que tem um deficiente visual na sala e dizer coisas que não podemos entender. Outra coisa... tem que chegar perto do aluno com deficiência visual quando for falar algo para ele (depoimento de J3). — Comunicação

É necessário um esforço do educador no sentido de desenvolver uma comunicação que forneça informações apropriadas às possibilidades perceptuais do aluno com deficiência visual, considerando que o aluno precisa atribuir significação às novas informações a partir da imaginação em relação ao que ele não pode ver. Falar sempre pausadamente e aproximar-se do aluno com deficiência visual quando se dirigir especificamente a ele são hábitos que deverão ser incorporados à prática do educador.

Os depoimentos de J3 destacam situações em que conduziu a comunicação com seus alunos, fornecendo informações que possibilitaram ao aluno desenvolver sua imaginação e apropriar-se de novos conhecimentos:

> Para explicar, por exemplo, como utilizar a planilha de cálculo Excel, eu digo ao aluno: imagine uma folha cheia de quadrados... A pessoa vai ter na cabeça o que é um quadrado, por que desde criança isso foi mostrado a ela. Quando uma criança cega entra em uma escola, passa por uma sala de recursos e o professor lhe mostra as figuras. Então ela sente o que é um quadrado, um círculo, e assim ela consegue imaginar (depoimento de J3). — Comunicação

Tais depoimentos possibilitaram concluir que a comunicação é fator relevante no processo de ensino e aprendizagem para a PDV.

## Décimo princípio

*É papel do educador compreender o estágio de desenvolvimento já alcançado por seu aluno e perceber se ele está conseguindo compreender o que está sendo ensinado – se não, será preciso que o educador modifique sua prática pedagógica para atender às necessidades de seu aluno.*

Durante a entrevista com J3 pedimos que nos contasse sobre uma situação em que teve que ser criativa para fazer uma explicação para um de seus alunos. J3 relatou:

> Quando vou ensinar a gravar em uma pasta o texto que ele digitou, eu explico que o texto é como se fosse um caderno, daí pego uma pasta e um caderno e faço o alu- — Criatividade

no guardar o caderno dentro da pasta, depois mostro como se faz isso no programa Word.

No outro dia eu estava ensinando um aluno que não enxergava nada a gravar um texto no disquete. Cheguei a pegar um disquete e quebrar para ele poder sentir como é dentro do disquete, para poder imaginar (depoimento de J3).

A ideia remete ao oitavo princípio identificado na análise da primeira fase da investigação, o qual se inter-relaciona com a categoria de criatividade. Nos depoimentos, J3 fala de uma estratégia pedagógica que requer criatividade do educador em formular ou adaptar situações que tornem uma nova informação significativa dentro das possibilidades do seu aluno com deficiência visual. A criatividade do educador em reunir tecnologias, adequar material didático e adaptar situações colabora de forma substancial para que a PDV elabore seus mapas mentais e se aproprie de novos conhecimentos. É importante que o educador olhe para seu aluno de forma singular, buscando conhecer qual experiência de vida ele já traz, e adote essa experiência como parâmetro para planejar suas ações pedagógicas.

### Décimo primeiro princípio

*O educador precisa estar preparado para lidar com os preconceitos, estereótipos e estigmas (sejam seus, da PDV ou de outrem) que permeiam o convívio com alunos que têm deficiência.*

Conhecer o estágio de desenvolvimento já alcançado por seu aluno com deficiência requer que o educador se aproxime desse aluno e converse com ele sobre a deficiência. Isso trará para o educador informações relevantes para os momentos de reflexão sobre sua prática. No entanto, ao questionar J3 sobre o que é importante no relacionamento entre o educador e um aluno com deficiência visual, J3 considerou:

> O professor tem que perceber se o aluno está aberto para conversar sobre sua deficiência. Se ele não estiver aberto e o educador insistir, o aluno pode fugir do curso (depoimento de J3).

Convívio com preconceitos, estereótipos e estigmas

Saber se a deficiência do seu aluno é congênita ou adquirida possibilita ao educador considerar se o aluno possui ou não memórias visuais e considerar se esse aluno pode ter traumas ou revoltas. Entretanto, essa situação pode envolver aspectos psíquicos e emocionais, e o educador precisa perceber o momento e se o aluno está aberto a falar sobre sua deficiência; caso contrário, como um mecanismo de defesa, o aluno poderá abandonar as aulas.

> O professor tem que estar preparado para uma situação em que os preconceitos dos alunos videntes podem deixar o aluno com deficiência visual isolado (depoimento de J3).

Convívio com preconceitos, estereótipos e estigmas

É possível que em uma turma composta por alunos videntes e não-videntes o preconceito se manifeste, devido ao desconhecimento dos alunos videntes a respeito da deficiência visual, impedindo que se estabeleçam relações. Por exemplo: "a PDV é revoltada... é mentirosa...". Ou ainda o preconceito pode se manifestar em estereótipos nos quais a PDV pode ser considerada como coitadinha ou sofredora, entre outros.

Não há como desprezar a possibilidade de o próprio educador ter preconceitos e manifestá-los em sua própria prática pedagógica. O depoimento de J3 permite verificar o quanto isso é negativo na relação educador-aluno.

## Décimo segundo princípio

A *prática pedagógica do educador precisa estar pautada em ações que valorizem, evidenciem e desenvolvam o potencial e as habilidades da PDV.*

Ao entrevistar J3 a respeito de quais conhecimentos um educador precisa ter para compreender como as PDV organizam seus pensamentos, J3 relatou:

> O professor não pode ter preconceito sobre o deficiente visual; ele tem que acreditar que o deficiente visual pode aprender muitas coisas, só que de um jeito diferente.
> O professor precisa saber que o deficiente visual é capaz de desenvolver outros sentidos além da visão, e usando todos juntos ele consegue fazer muitas coisas (depoimento de J3).

Valorização das diferenças

## Décimo terceiro princípio

*O educador deve considerar que a leitura tátil é mais fatigante que a leitura visual e, por isso, deve adequar as estratégias pedagógicas para as atividades que requerem muita leitura.*

Durante as entrevistas com J3, ao ser questionada sobre o motivo de ela não utilizar a escrita e a leitura em Braille, ela relatou que a técnica de escrita e leitura em Braille requer um elevado desenvolvimento das habilidades motoras finas, além de flexibilidade nos punhos e agilidade nos dedos. As pessoas com deficiência visual nem sempre conseguem ter suficiente velocidade de leitura para conseguir ler de forma eficiente e prazerosa e, por isso, J3 prefere utilizar recursos tecnológicos para ampliar os textos em um tamanho que possibilite a leitura ou ainda, quando possível, converter o texto para o formato digital, no qual a leitura pode ser feita por meio de um programa narrador de tela.

Ela explicou também que a velocidade da leitura em Braille pode ter relação com a idade em que a pessoa aprendeu a ler. Quanto mais cedo uma pessoa inicia o processo de alfabetização em Braille, melhor será a qualidade da leitura. Além disso, a escrita em Braille não favorece tanto a comunicação entre pessoas videntes e não-videntes quanto o faz o computador, considerando que a maioria das pessoas videntes não sabe ler Braille. Outro aspecto vantajoso do computador é a facilidade de fazer alterações no texto digitado, o que em Braille demandaria reescrever todo o texto.

Para o cego, a atividade de leitura envolve dificuldades bem peculiares. Por exemplo: a pessoa vidente pode ler durante horas, sem parar; já a pessoa cega precisa interromper a leitura após algum tempo, pois os dedos indicadores (os mais utilizados para ler) vão perdendo a sensibilidade e se torna difícil identificar as letras e as palavras.

## Quarta fase: observação da prática pedagógica de um educador que pela primeira vez ministra aulas de informática para uma PDV

### Décimo quarto princípio

*O educador precisa criar estratégias pedagógicas que estimulem e desenvolvam a autonomia do aluno com deficiência visual e não pautar sua prática em uma relação de superproteção e dependência.*

Ao observarmos a dinâmica da sala de aula, a atuação do docente e da coordenação pedagógica, o material didático utilizado e os conteúdos do programa, entre outros aspectos, pude perceber a inter-relação dos vários elementos que configuram o problema estudado. Durante essa fase da investigação, a intenção foi identificar atitudes na prática pedagógica de P1 que evidenciassem as dificuldades e as necessidades de formação desencadeadas, bem como perceber como P1 superaria situações de dificuldades e imprevistos em relação a J3.

Nos primeiros encontros do curso, P1 mostrou-se ansiosa e insegura. O fato de ter tido apenas uma semana para familiarizar-se com o Virtual Vision deixou-a com receio de não corresponder à expectativa de J3. Entretanto, essa situação foi tomando menor dimensão ao passo que P1 percebeu que J3 dominava o Virtual Vision e que não dependeria de suas explicações em relação ao narrador de tela para desenvolver as atividades propostas durante o curso.

A dinâmica que P1 adotou para desenvolver as aulas consistiu em seguir os exercícios das quatro apostilas utilizadas durante o curso. Ao iniciar os encontros, P1 seguia quase um ritual. Primeiro, informava aos alunos qual exercício da apostila seria desenvolvido. Depois desenvolvia um exercício como exemplo, utilizando o computador da sua mesa, conectado a um aparelho que possibilita exibir em uma TV de 29 polegadas tudo o que acontece na tela do computador.

Enquanto desenvolvia o exercício utilizando apenas o *mouse*, falava em voz alta a sequência de passos que estava realizando com ele. Depois solicitava que os alunos desenvolvessem, cada um em seu computador, outros exercícios que se encontravam na apostila. Nesse momento, P1 entendia que os alunos videntes estavam direcionados e então oferecia atenção exclusiva para J3, ditando o exercício a ser desenvolvido, porém referindo-se às teclas de atalho. Para isso era necessário recorrer a algumas anotações que havia elaborado antes do horário da aula. Essas anotações eram os comandos por meio do teclado (combinação de teclas) que correspondiam às orientações passo a passo dos exercícios que na apostila são apresentados apenas por meio do uso do *mouse*.

Em nenhum depoimento de P1 sobre a experiência de estar ministrando aulas de informática pela primeira vez, em uma turma na qual um dos alunos era uma PDV, transpareceu que ela tivesse percebido a necessidade de mudança de abordagem metodológica em suas aulas. Ao questionar P1 sobre o que havia mudado em sua prática, obtivemos o seguinte depoimento:

> A mudança é que passei a preparar as aulas especialmente para J3. Faço anotações da sequência dos comandos (combinações de teclas ou teclas de atalho) que serão utilizadas durante os exercícios que serão desenvolvidos em cada aula. Na apostila todos os exercícios trazem orientações para o desenvolvimento utilizando apenas o mouse. Isso até fez com que eu aprendesse como utilizar diversos recursos dos programas usando apenas o teclado – coisas que antes eu só sabia como fazer com o *mouse* (depoimento de P1).

Essa dinâmica adotada evidenciou o despreparo da docente que não inovou sua prática ao receber uma aluna com deficiência visual e colocou em evidência a deficiência de J3, quando nessa situação P1 poderia ter realizado o exercício como exemplo, explicando em voz alta as duas maneiras de realizar a operação, tanto por meio do *mouse* quanto por meio do teclado. Essa atitude de P1 indica uma tendência do educador a colocar em evidência a deficiência do aluno.

Outro aspecto que poderia ter sido adaptado diz respeito ao material didático. Sabendo que J3 não poderia ler as informações da apostila a não ser que estivessem ampliadas (J3 não tem conhecimento do Braille), P1 deveria ter buscado uma alternativa para essa questão. O fato de adotar a estratégia de ditar para J3 os passos para o desenvolvimento do exercício por meio de teclas de atalho, sem fornecer os exercícios em um formato acessível às possibilidades perceptuais de J3, privou-a de ter autonomia para realizar as atividades durante o curso. Ou seja, muitas vezes J3 ficava dependendo da presença de P1 ao seu lado com a sequência de passos por meio do teclado para realizar o exercício.

Durante as aulas do editor de textos *Word*, propunha-se aos alunos a digitação de alguns textos que se encontram na apostila do curso. Porém, não havia versão ampliada e nem em Braille, e J3, novamente, dependia de P1 para ditar o texto. Em uma das aulas de *Word*, P1 trouxe para J3 um dos textos da apostila ampliado. No entanto, tal procedimento não teve continuidade nos demais encontros e P1 argumentou que, com o ditado, J3 digitava mais rápido. Havia também alguns textos utilizados pelos alunos para o desenvolvimento dos exercícios que se encontram em um CD-ROM que acompanha a apostila do curso. Nesse caso, a tarefa dos alunos é apenas formatar o texto. Esses exercícios foram bastante favoráveis para J3.

Muitas vezes, P1 dedicava mais tempo para J3 do que para os demais alunos em função da tentativa de ajudá-la a memorizar a combinação de teclas de atalho para a realização dos exercícios. Portanto, seria necessário que o educador se dedicasse ao planejamento das aulas para poder adequar as estratégias pedagógicas e simular novos caminhos para desenvolver as atividades, considerando que seu aluno com deficiência visual se utiliza apenas do teclado.

É importante também que o educador analise o material didático pensando na necessidade desse aluno. Quando o aluno possui visão subnormal, indica-se a utilização de auxílios ópticos adequados e materiais adaptados às suas necessidades especiais como, por exemplo, os textos com letras ampliadas.

Na sala de aula, o educador precisa estar atento para planejar a melhor posição desse aluno em relação à iluminação. Para o aluno cego ou com visão subnormal grave, o material deve ser disponibilizado em Braille ou em meio digital para leitura por meio de *softwares* narradores de tela.

### Décimo quinto princípio

*O educador deve adotar postura e atitudes humildes e compartilhar com o aluno as dúvidas que possui quanto aos resultados do método e didática que está utilizando. Assim, poderá caminhar com mais segurança e descobrir o que está fazendo bem e o que não está dando resultado.*

Durante todo o curso, diante de todas as atividades que exigiam dos participantes a leitura de informações contidas na apostila, P1 ditava o texto para J3. Nos momentos em que os outros alunos solicitavam a atenção de P1 para sanar alguma dúvida, um dos colegas de turma que passou a sentar-se sempre ao lado de J3 continuava fazendo o ditado e a auxiliava quando necessário.

Constatamos que o fato de P1 não buscar uma solução mais adequada para possibilitar o acesso à leitura para J3 poderia estar relacionado à falta de conhecimento sobre os procedimentos metodológicos que colaboram para o desenvolvimento das PDV.

A abordagem didática de P1 durante todo o curso foi instrucionista. O ritmo imposto às aulas evidenciou que a preocupação maior de P1 estava em que os alunos cumprissem a execução da maior parte dos exercícios da apostila. No entanto, seria mais adequado que sua prática se direcionasse a possibilitar que seus alunos desenvolvessem autonomia para fazer uso dos programas. Seria possível melhorar o processo de aprendizagem dos alunos se P1 contextualizasse os exercícios e reservasse momentos para que os alunos executassem atividades que lhes fossem significativas por estarem relacionadas ao seu contexto.

Em algumas ocasiões nas quais P1 sentia muita dificuldade em relação a como poderia explicar um novo *software*, P1 perguntava para J3 qual seria a melhor forma de elucidar determinado tipo de exercício e juntas encontravam um caminho.

### Décimo sexto princípio

*O educador deve criar situações em que a interação, a cooperação e a colaboração entre os participantes de um curso ocorram espontaneamente – por exemplo, no trabalho em grupo – sem que a PDV seja exposta a situações constrangedoras ou situações em que sua participação não seja possível.*

Diante de situações em que o Virtual Vision não fazia a leitura de alguns campos das telas apresentadas pelo Power Point, P1 ficava sem jeito e, como não dominava o Virtual Vision, dizia para J3 que buscaria descobrir uma solução para o problema e traria a solução no próximo encontro. Para P1, dedicar-se a encontrar a solução durante a aula poderia causar um impasse entre os demais alunos que aguardavam a continuidade da explicação do exercício.

Durante os seis meses em que o curso ocorreu, foram mínimas as interações entre os 12 alunos videntes que compunham a turma e J3. A exceção era o aluno que se sentava ao lado de J3. Acredito que tal comportamento pode ser entendido como consequência de dois fatores: o primeiro, P1 não ter promovido nenhuma dinâmica para a realização de atividades em grupo que promovesse a interação, a cooperação e a colaboração entre os participantes. O segundo estaria relacionado a aspectos emocionais: alguns participantes poderiam não estar abertos para conviver com uma pessoa com deficiência, adotando uma conduta defensiva por uma possível limitação de personalidade. Assim, o mecanismo de defesa para alguns foi o bloqueio na dinâmica interacional.

# 4
# REFLETINDO SOBRE AS DIMENSÕES DO NÃO VER

Por meio dos diálogos estabelecidos com as PDV, constatamos que elas acreditam no crescimento da consciência da sociedade no sentido de ampliarem suas oportunidades de profissionalização e inclusão no mundo do trabalho. Verificamos que as TIC podem realmente potencializar o desenvolvimento profissional das PDV por serem ferramentas que facilitam o acesso à informação e à comunicação.

Nesse sentido, ressaltamos o quanto é importante que o educador do ensino profissionalizante tenha domínio e autonomia no uso das tecnologias voltadas para as PDV e possa incorporá-las à sua prática pedagógica por meio de estratégias criativas. Assim, espera-se desse educador que ele saiba conviver com os preconceitos, estereótipos e estigmas e que suas ações estejam fundamentadas em atitudes acolhedoras e inclusivas, cujo eixo norteador são os estímulos positivos aos potenciais e habilidades do seu aluno com deficiência visual; e na valorização das diferenças, cuja essência está em promover situações de ensino e de aprendizagem que possibilitem a cada aluno participar com o melhor de si. Espera-se também que adote uma comunicação que forneça ao seu aluno com deficiência visual informações apropriadas às suas possibilidades perceptuais, favorecendo a construção de novos conhecimentos.

Segundo Moran (2002, p.2), "o grande educador atrai não só pelas suas ideias, mas pelo contato pessoal. Há sempre algo surpreendente, diferente no que diz, nas relações que estabelece, na sua forma de olhar, na forma de comunicar-se, de agir".

Para o educador que enxerga, é impossível imaginar a vida sem qualquer forma visual ou sem cor, porque as imagens e as cores fazem parte de nosso pensamento. Não basta fechar os olhos e tentar reproduzir o comportamento de seu aluno com deficiência visual, pois tendo memória visual, o educador terá consciência do que não está vendo. Becker (apud Almeida, 2000, p.250) enfatiza que "é preciso 'aprender' o seu aluno (aprender sua estrutura conceitual, cognitiva) como condição da legitimidade de sua tarefa de ensinar. Essa é, talvez, a mais importante condição para a superação da dicotomia entre o ensino e a aprendizagem".

Como contribuição à presente problemática, apresentamos uma análise dos desafios e dificuldades que podem ser enfrentados por um educador ao ministrar cursos de informática para PDV embasada em relatos, depoimentos, observações e minha própria experiência. Essa análise poderá servir como referência para outras pesquisas, fornecendo informações que podem colaborar para o desenvolvimento da ciência, que se desenvolve pela acumulação ou confrontação do conhecimento.

O que verificamos durante as observações das aulas ministradas por um docente que estava recebendo pela primeira vez, em uma de suas turmas, um aluno com deficiência visual, não representa a consolidação da prática pedagógica de todos os docentes atuantes em cursos profissionalizantes. Não se pode generalizar. Temos consciência de que o fato de ter desenvolvido um estudo de caso que incidiu apenas sobre uma turma de um curso de informática em uma instituição de ensino profissionalizante pode ter colaborado na identificação de alguns princípios a serem contemplados na formação continuada de educadores, mas ainda há muito a saber.

Assim, apresentamos como contribuição os princípios que consideramos norteadores para a formação de educadores do ensino profissionalizante para que possam desenvolver uma prática pedagógica inclusiva e favorecer a capacitação das PDV e sua inserção no mundo profissional, conforme enunciado ao longo do livro.

Acreditamos que este estudo pode beneficiar as ações educacionais das instituições de ensino profissionalizante que se preocupam em capacitar sua equipe de educadores para uma atuação inclusiva, reconhecendo a necessidade de um redimensionamento de suas ações na busca de alternativas metodológicas adequadas para as PD. Nosso desejo é que este livro possa refletir um significado especial para as pessoas com deficiência visual que sonham em encontrar uma oportunidade no mundo do trabalho e serem reconhecidas como profissionais.

# Referências bibliográficas

ALMEIDA, M. E. B. *O computador na escola*: contextualizando a formação de professores. São Paulo, 2000. 265p. Tese (Doutorado em Educação) – Pontifícia Universidade Católica.

_____. A formação de recursos humanos em informática educativa propicia a mudança de postura do professor? In: VALENTE, J. A. (Org.). *O professor no ambiente logo*: formação e atuação. Campinas: Unicamp/Nied, 1996.

_____. *Educação, projetos, tecnologia e conhecimento*. São Paulo: Proem, 2001.

AMARAL, L. A. *Espelho convexo*: o corpo desviante no imaginário coletivo, pela voz da literatura infanto-juvenil. São Paulo, 1992. 399p. Tese (Doutorado em Psicologia) – Instituto de Psicologia, Universidade de São Paulo.

ANDRÉ, M. E. D. Estudo de caso: seu potencial na educação. *Cadernos de Pesquisa*, Cidade, v.49, p.51-4, 1984.

ANTUNES, R. *Adeus ao trabalho?*: ensaio sobre as metamorfoses e a centralidade do mundo do trabalho. 9.ed. São Paulo: Cortez, Campinas: Editora da Universidade Estadual de Campinas, 2003.

BARANAUSKAS, M. C. C., MANTOAN, M. T. E. *Acessibilidade em ambientes educacionais*: para além das *guidelines*. Revista Online da Biblioteca Prof. Joel Martins – Unicamp.Campinas. v.2, n.2, fev. p.13-23, 2001. Disponível em: http://www.bibli.fae.unicamp.br/revbfe/v2n1fev2001/art02.doc. Acesso em: 25 fev. 2004.

BRASIL. *Constituição da República Federativa do Brasil*: promulgada em 5 de outubro de 1988. 25.ed. São Paulo: Saraiva, 2000.

_____. Lei Federal n. 9.394, de 20 de dezembro de 1996. Estabelece as diretrizes e bases da educação nacional. *Diário Oficial da República Federativa do Brasil*, Ministério da Educação, Brasília, DF, 20 dez. 1996.

_____. Ministério do Trabalho. *Sistema de emprego e educação profissional*: implementação de uma política integrada. Brasília, 1996.

_____. Resolução CNE/CEB n.2, de 14 de setembro de 2001. Institui Diretrizes Nacionais para a Educação Especial na Educação Básica. *Diário Oficial da União*, Seção 1E, p.39-40. Brasília, 2001.

CARNEIRO, R. et al. *Transversalidade e inclusão*: desafios para o educador. Rio de Janeiro: Senac Nacional, 2003.

CARVALHO, J. O. F. Interfaces para o deficiente visual. *Revista Informédica*. Campinas, v.1, n.1, p.5-11, 1993. Disponível em: http://www.informaticamedica.org.br/informed/defic.htm. Acesso em: 10 jun. 2004.

_____. *Soluções tecnológicas para viabilizar o acesso do deficiente visual à educação à distância no ensino superior*. Campinas, 2001. 221p. Tese (Doutorado em Engenharia) – Faculdade de Engenharia Elétrica. Universidade de Campinas.

DEFUNE, D., DEPRESBITERIS, L. *Competências, habilidades e currículos da educação profissional*: crônicas e reflexões. São Paulo: Senac. 2000.

DELORS, J. *Educação*: um tesouro a descobrir. Brasília: Unesco, 2000.

FAJARDO, E. Portadores de deficiência: a cidadania em construção, *Revista Diga Lá*, Rio de Janeiro, ano 7, n.24, p.22-9, jan./fev. 2002.

FUNDAÇÃO INSTITUTO BRASILEIRO DE GEOGRAFIA E ESTATÍSTICA. *Censo demográfico 2000*. Brasília, 2004. Disponível em: www.ibge.gov.br. Acesso em: 2 nov. 2004.

GIL, M. (Coord.). *O que as empresas podem fazer pela inclusão das pessoas com deficiência*. São Paulo: Instituto Ethos, 2002.

GOMES, H. M., MARINS, H. O. *A ação docente na educação profissional*. São Paulo: Senac, 2004.

HERNANDES, R. B. *Tecnologia e educação*: reflexões sobre as influências na prática pedagógica. Presidente Prudente, 2002. 67p. Monografia (Especialização em Tecnologia da Informação) – Universidade Estadual Paulista Júlio de Mesquita Filho.

HERNANDES, R. B. *Estudo de técnicas de HCI*. Presidente Prudente, 1997. 44p. Trabalho de conclusão de curso. (Graduação em Ciências da Computação) – Faculdade de Informática de Presidente Prudente, Universidade do Oeste Paulista.

IBERNÓN, F. *Formação docente profissional*: forma-se para a mudança e a incerteza. 3.ed. São Paulo: Cortez, 2004

JANNUZZI, G. S. M. Escola e trabalho do considerado "deficiente". In: SEMINÁRIO SOBRE EDUCAÇÃO ESPECIAL: PROFISSIONALIZAÇÃO E DEFICIÊNCIA, 2., 1994, Campinas. *Anais*... Campinas: Unicamp, 1994.

LAVILLE, C., DIONE, J. *A construção do saber*: manual de metodologia da pesquisa em ciências humana. Tradução de Heloísa Monteiro e Francisco Settineri. Porto Alegre: Artes Médicas, 1999.

LUDKE M., ANDRÉ, M. E. D. A. *Pesquisa em educação*: abordagens qualitativas. São Paulo: EPU, 1986.

MACEDO, L. *Ensaios construtivistas*. São Paulo: Casa do Psicólogo, 1994.

MANTOAN, M. T. E. *A integração de pessoas com deficiência*: contribuições para uma reflexão sobre o tema. São Paulo: Memnon, 1997a.

_____. Integração x inclusão: escola para todos. In: CONGRESSO BRASILEIRO E I ENCONTRO LATINO-AMERICANO SOBRE SÍNDROME DE DOWN, 2., 1997. Brasília. Anais... Brasília: Federação Brasileira das Associações de Síndrome de Down, 1997b.

_____. O verde não é o azul listado de amarelo: considerações sobre o uso da tecnologia na educação/reabilitação de pessoas com deficiência. *Espaço: Informativo Técnico-Científico do INES*. Rio de Janeiro, n.13, jan.jun., 2000.

MAZZOTA M. J. S. *Educação especial no Brasil*: história e políticas públicas. São Paulo: Cortez, 1996.

_____. *Educação especial no Brasil*: história e políticas públicas. São Paulo: Cortez 2001.

_____. *Educação e surdez*. Rio de Janeiro: Ines/MEC, 2001. (Palestra apresentada no Fórum permanente de linguagem)

MORAN, J. M. *Mudanças na comunicação pessoal*: gerenciamento integrado da comunicação pessoal, social e tecnológica. São Paulo: Paulinas, 1998.

_____. Ensino aprendizagem inovadores com tecnologia. *Revista Informática na Educação: Teoria & Prática*. Porto Alegre, v.3, n.1, set. 2000. p.137-44.

_____. O que é um bom curso à distância? *Boletim do Programa Salto para o Futuro da TV Escola*. Cidade, 2002. Disponível em: http://www.tvebrasil.com.br/salto/boletins2002/ead/eadtxt1c.htm. Acesso em: 23 nov. 2004.

PAUGAM, S. O enfraquecimento e a ruptura dos vínculos sociais: uma dimensão essencial do processo de desqualificação social. In: SAWAIA, B. (Org.). *As artimanhas da exclusão*. 2.ed. Petrópolis: Vozes, 2001. p.67-86.

PAULA, L. A. L. Ética, cidadania e educação especial. *Revista de Educação Especial*, Piracicaba, v. z. n.4, 1996.

PRADO, M. E. B. B., VALENTE, J. A. A educação à distância possibilitando a formação do professor com base no ciclo da prática pedagógica. In: MORAES, M. C. (Org). *Educação à distância*: fundamentos e práticas. Campinas: Unicamp, 2002. p.27-50.

PRADO, M. E. B. B. *Educação à distância e formação do professor*: redimensionando concepções de aprendizagem. São Paulo, 2003. 279p. Tese (Doutorado em Educação) – Pontifícia Universidade Católica.

RELATÓRIO da ONU sobre a cúpula mundial para o desenvolvimento social. São Paulo: A Fundação, 1995. 127p.

RIBAS, J. B. *Pessoas com deficiência e emprego formal*: as dificuldades que as empresas têm encontrado para contratar. Cidade: Universia, 2004. Disponível em: http://www.universiabrasil.net/materia.jsp?materia=3147. Acesso em: 10 jun. 2004.

RODRIGUES, J. I. *Inclusão digital*: acessibilidade de deficientes visuais à internet. São Paulo, 2004. 240p. Tese. (Doutorado em Educação) – Pontifícia Universidade Católica.

ROMANELLI, O. de O. *História da educação no Brasil*. 19.ed. Petrópolis: Vozes, 1997.

SASSAKI, R. K. A educação inclusiva e o emprego apoiado. In: SEMINÁRIO PARANAENSE DE EDUCAÇÃO ESPECIAL, 2., 1996, Curitiba. *Anais...* Curitiba: s.n., 1996.

_____. *Inclusão*: construindo uma sociedade para todos. Rio de Janeiro: WVA, 1997.

SCHÜNZEN, E. T. M. *Mudanças nas práticas pedagógicas do professor*: criando um ambiente construcionista contextualizado e significativo para crianças com necessidades especiais. São Paulo, 2000. 240p. Tese (Doutorado em Educação) – Pontifícia Universidade Católica.

SCHLÜNZEN JR., K. et al. Ambientes virtuais para a formação de educadores: buscando uma escola inclusiva. *Revista Univap*. São José dos Campos, v.10, n.18, 2003. p.43-9.

*SEM limite*: inclusão de portadores de deficiência no mercado de trabalho. Rio de Janeiro: Senac Rio, 2002. Publicado em parceria com o Instituto Brasileiro de Defesa dos Direitos da Pessoa Portadora de Deficiência (IBDD). 144p.

SENAC, DN. Referenciais para a educação profissional. Rio de Janeiro, 2001. Disponível em: http://www.senac.br/conheca/referencial2001.html. Acesso em: 13 de dez. 2004

_____. Deficiência e competência: programa de inclusão de pessoas portadoras de deficiência nas ações educacionais do Senac. Rio de Janeiro, 2002. 160p.

_____. Eliminando barreiras, construindo pontes: Programa Deficiência e Competência: primeiros resultados. Rio de Janeiro, 2004. 51p.

SILVA, O. M. *Uma questão de competência.* São Paulo: Memnon, 1993.

TERÇARIOL, A. A. L. et al. Construindo redes digitais colaborativas de aprendizagem. In: PELLANDA, N. M. C. et al. (Org). *Inclusão digital:* tecendo redes afetivas/cognitivas. Rio de Janeiro: DP&A, 2005. p.234-51.

UNESCO. *The Salamanca statement and framework for action on special needs education.* [Adotada pela Conferência Mundial sobre Educação para Necessidades Especiais: Acesso e Qualidade, realizada em Salamanca, Espanha, em 7-10 de junho de 1994]. Genebra: Unesco, 1994a. 47p.

VALENTE, J. A. *Liberando a mente:* computadores na educação especial. Campinas: Unicamp, 1991.

_____. Análise dos diferentes tipos de *software* usados na educação. In: _____. (Org). O *Computador na sociedade do conhecimento.* Campinas: Unicamp, 1999. p.89-110

WANDERLEY, M. B. Refletindo sobre a noção de exclusão. In: SAWAIA, B. (Org.). *As artimanhas da exclusão.* 2.ed. Petrópolis: Vozes, 2001. p.16-26.

WATAYA, R. S. *O uso de leitores de tela no teleduc:* um estudo de caso. São Paulo, 2003. 100p. Dissertação (Mestrado em Educação) – Pontifícia Universidade Católica.

SOBRE O LIVRO

*Formato*: 12 x 21 cm
*Mancha*: 20,4 x 42,5 paicas
*Tipologia*: Horley Old Style 10,5/14
*1ª edição*: 2011

EQUIPE DE REALIZAÇÃO

*Coordenação Geral*
Marcos Keith Takahashi